문옥희 수필집

기억의 조각들

소소21

기억의 조각들

문옥희 수필집

1판 1쇄 인쇄/ 2016년 3월 5일
1판 1쇄 발행/ 2016년 3월 10일

지은이 / 문옥희
펴낸이 / 우희정
펴낸곳 / 도서출판 소소리

등록 / 제300-2007-21호
주소 110-521 서울 종로구 혜화로35
        경주이씨 중앙회빌딩 302-1호
전화 / 765-5663, 010-4265-5663
e-mail : sosori39@hanmail.net
www.sosori.net

값 12,000 원

*잘못된 책은 바꿔드립니다.

ISBN 979-11-5891-047-1   03810

기억의 조각들
문옥희 수필집

소소21

책을 내면서

기억의 조각들이 모이면

아주 오래전, 내가 뭔가를 기억할 수 있는 나이부터 그리움이라는 단어는 항상 내 곁에 붙어 다녔다.

그리움은 색채도 모양도 참으로 다양했다. 봄날의 아지랑이처럼 가물거리며 다가와 착잡하고 불안정한 내 마음을 다독거리기도 하고 어떨 때는 세찬 파도처럼 밀려와 잔잔한 가슴을 요동치게도 한다.

네댓 살 때쯤, 무슨 볼일 때문에 서울로 가셨다는 아버지의 편지를 받았다. 아버지는 엄마에게 안부를 묻는 것이 쑥스러웠는지 한글도 모르는 어린 딸에게 편지를 보냈다.

옆집에 사는 고등학생 언니가 나를 옆에 끼고 편지를 읽어주었고 아버지가 보고 싶은 다섯 살 배기 어린 나는 마루 끝에 쪼그리고 앉아 눈물을 흘리며 훌쩍거렸다.

태어나서 처음으로 겪은 그리움이다.

  한동안 심한 슬럼프를 겪었다.

  몇 달 동안 단 한 줄의 글도 쓰지 못 할 만큼 길고도 깊었다. 자신감마저도 무너졌다. 아무것도 하지 않았다. 돌아보면 이 글이 저 글 같고 내가 읽어도 지겨웠다.

  글 쓰는 일을 접어야 되지 않을까 하는 회의가 심각하게 나를 짓누르던 날, 글을 써야 하는 이유가 희미하게 보였다.

  기억의 조각들이 모이면 그리움이 되고, 그리움은 내 마음을 설레게 한다.

  그리움 때문에 글을 쓴다. 그리움은 내가 살아가기 위한 버팀목이고 나를 치유하는 도구이기도 하다.

                        2016년 새봄에   *문옥희*

▶차 례

▶책을 내면서

1. 사랑 하나면

내 삶의 또 다른 지저귐 __13
이것도 중독인가? __17
사랑 하나면 충분하다 __21
달이 있는 추석 __25
봄비와 함께 온 아이 __29
험한 세상의 다리가 되어 __32
알을 깨고 나온 공룡 __36
33년 전 돌복 __40
지금 이 순간이 경이롭다 __45
차라리 파밭이나 맬 걸 __49
길 따라 바람 따라 __53
혼자 걸은 올레길 __57

2. 추억의 저편

아홉수의 횡포 _63
10년 다이어리 _67
안 해도 될 말, 안 해야 될 말 _71
아직도 찢어진 청바지에 눈이 간다 _74
올해도 잔인한 봄 _78
여름, 그 새벽 _81
국화꽃 한 다발을 안고 _85
감이 붉어지는 계절 _88
길 건너 별다방 _91
흉보면서 닮는다 _94
내 인생의 4월은 _98
바라나시로 가는 열차 _102
삶과 죽음이 공존하는 곳 _107

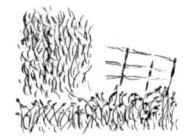

3. 외로움에 덧칠을

북 버킷 리스트 10 _113
사랑은 소리 없이 와 닿을 때 아름답다 _117
외로움에 덧칠을 하며 _123
하루를 씻다 _127
빙산원리 _131
비하인드 스토리 _134
쓰레기와 릴케 _139
앵두, 빨간 그리움을 삼키다 _143
어떤 일요일 _147
트럭 서점 _151
아날로그가 좋아 _155
봄날은 간다 _159
장밋빛 도시 페트라 _162
유채꽃 피던 오베르 _166

4. 사막에서 별을

해질 녘 툇마루 __173
빨간 보자기의 변신 __177
콩잎과 호박잎 __181
세월이 흘러도 __185
캐비닛 속의 비밀 __188
콩비지 __190
연탄아궁이 __194
가을은 그리움 __199
거울에 비친 나 __203
엄마는 나의 고향 __206
아오자이 입은 여인들 __211
사막 위의 대추밭 __215
사막에서 별을 보다 __219
엄마와 딸 __224

김소연 ‖ 나와 닮은 듯 안 닮은 우리 엄마 __226
박인경 ‖ 어머님의 수필집 출간을 축하드리며 __229

1.

사랑 하나면

특별하고 새로운 일이 더 이상 없어도 좋을 지금 이 시간. 욕심 없는 평범함이 만들어 내는 이 소소한 일상의 행복. 삶에 대한 태도나 생각을 달리 했을 때의 커다란 변화. 경이로운 밤이 속절없이 깊어간다.

내 삶의 또 다른 지저귐

몇 년 사이에 내 삶에 많은 변화가 있었다.

남편도 나도 이순(耳順)의 나이를 넘어섰다.

나이 예순을 넘기면서 몸도 마음도 예전 같지 않다 보니 매사가 조심스럽다.

남편은 평생을 몸담았던 직장에서 정년퇴임을 했다. 가장 큰 변화다.

한 곳만 바라보며 35년이라는 긴 세월을 가족이라는 무거운 짐을 지고 뒤돌아볼 여유도 없이 살아온 남편. 한눈팔지 않고 앞만 보고 달려온 남편의 희생에 눈시울이 뜨거워질 뿐이다.

덕분에 우리는 새끼 참새마냥 먹이를 받아먹으며 넘치지도 모자라지도 않은 삶을 살 수 있었다.

그러나 갑자기 당한 일도 아니고 마음의 준비를 하지 않은 것도 아닌데 얼마 전까지도 남의 일로만 여겨지던 일이 현실로 다가오니 남편도 나도 문득 당황스러울 때가 있다.

아침 7시면 어김없이 출근하고 주말도 휴일도 없이 평생을 바쁘게 살았는지라 일주일에 두세 번 정도 나다니는 것 외에 갑자기 찾아 온 이 여유가 적응이 안 되는 눈치다. 하지만 지금까지도 최선을 다하며 살았듯이 나이만큼의 여유도 부리면서 옆도 살피고 뒤도 돌아보면서 제2의 인생을 멋지게 펼쳐 나가리라 믿는다.

몇 년 전부터 가족이 하나 둘씩 늘어나기 시작했다.
아들딸이 결혼을 하고 손자, 손녀가 태어났다.
20대에 둘이 만나 넷이 되어 30년을 넘게 살아왔더니 아들딸이 제 짝을 만나 손주들이 늘어나고 마지막으로 지난여름 미국에서 태어난 앙증맞은 손녀까지 열 명이라는 대가족이 되었다. 둘이 시작해서 이만하면 부러울 거 없는 삶이다.

몇 년 사이의 이런 커다란 변화는 내 삶 중 가장 커다란 축복이다.

생각지도 않던 변화에도 직면했다. 아들네 가족이 어려운 결정을 하고 3년 전 미국으로 떠난 것이다. 어찌 됐건 힘든 해외 생활을 하면서도 이젠 제법 뿌리를 내리며 잘 견뎌주고 있는 그 아이들. 자주 보지 못하는 데 대한 안타까움은 늘 그리움이라는 진한 빛깔로 나부낀다. 곁에 두지 못하는 아쉬움에 먹먹해지는 가슴을 부여잡으며 멀리서나마 항상 기도하고 힘을 실어 보낼 뿐이다.

절간처럼 고요하던 집안이 주말만 되면 아수라장이 된다.

몇 년 사이의 또 다른 변화다.

독거노인들처럼 우두커니 앉아 서로 할 말도 잊은 채 살아오던 일상에 주말이면 시끌벅적 사람 사는 향기가 난다. 한창 뛰고 놀 나이의 여섯 살, 세 살 외손자, 외손녀에다 지난봄에는 미국에서 잠깐 다니러 온 네 살배기 손자까지 합해 놓으니 혼이 쏙 빠졌다.

손주들 보는 맛에 좋으면서도 나이 탓인가 힘이 들기도 하고 그렇다. 층간 소음 때문에 아래층에서 몇 차례 경고를 받은지라 콩콩거리고 뛰어 다닐 때마다 그 신경도 보통이 넘게 쓰인다. 아이들이라 아무리 주의를 줘도 말이 먹히지 않으니 가슴만 졸일 뿐이다.

뒤늦게 아파트에서 계속 살아야 되는지에 대한 회의가 들기 시작한다. 내 집에서 아이들이 마음껏 뛰지도 못하게 하는 이 불편함. 아예 1층으로 이사를 가버릴까 하는 생각도 문득 들곤 한다.

아래층 사람들만 보면 죄인인 듯 고개가 숙여지고 마주치기가 무서워 옆으로 슬금슬금 피해버린다. 평생을 아파트 생활에

젖어버려 별 생각 없이 살았는데 졸지에 층간소음의 가해자가
돼 버리다니….

결혼하면 아파트에서 사는 게 젊은 시절의 꿈이었다.
옆집에 숟가락 수까지 다 아는, 자기 사생활이라고는 전혀
없는 그런 집이 싫증 나 어느새 아파트를 동경하기 시작했다.
문만 닫고 들어오면 완전히 나 혼자만의 영역이 될 수 있는
아파트 생활. 남 눈치 안 보고 내 마음대로 살 수 있으니 편리
할 것은 다 말할 수 없었다.
별 답답한 것도 못 느끼고 편리함에 빠져 한평생을 살았다.
내 아이들 키울 때는 같이 뛰면서 살았는지 아래윗집 간에
별 갈등이 없었던 거 같다.
같이 뛰니까 서로 미안해하면서 그렇게 살아왔다.
그런데 손주들이 하나 둘 늘어나면서 잊고 살던 고민에 새삼
빠져든다.
마당이 있는 주택으로 옮겨서 아이들을 맘껏 뛰놀게 하고 싶
다는 생각이 들기도 했다. 그러나 이 아이들도 언젠가는 내 품
에서 벗어날 것인데 내가 또 부질없는 생각을 하고 있나?
내 삶에 찾아온 또 다른 지저귐 속에서 이런저런 상상에 밤
이 깊어간다.

이것도 중독인가?

　지난겨울은 몹시 추웠다.
　추위 앞에서는 꼼짝 못하는 터라 꼭 필요한 일 아니고는 거의 외출을 자제했다. 자연스럽게 나를 돌아 볼 시간이 많이 생겼다. 그래, 움켜쥐고 있는 것만이 최선은 아니다. 털어버림으로써 무언가를 다시 시작할 수 있을 것 같았다. 그동안 써서 모았던 적지 않은 글들을 겨울 내내 정리를 했다. 타인에게는 하찮은 글이라도 나에게는 너무나 애지중지 하는 소중한 것들임에 걸러내는 작업이 가장 힘든 부분 중의 하나였다. 내 이야기를 쏟아낸다는 것이 지금 봐도 민망스럽고 다듬어지지 않는 부분이 여기저기 눈에 띄지만 애초에 이런 걸 각오하지 않은 것은 아니었고 언젠가는 치러야 할 일이라 생각했다.
　처음 책이 내 손에 들어온 날은 어찌 됐건 가슴이 벅차고 행복했다. 내 이름이 새겨진 수필집이라 생각하니 짜릿한 전율이 느껴졌다.

평소 내가 좋아하고 존경하는 주위의 사람들에게 기쁜 마음을 담아 보내드렸다.

생각지도 않은 축전, 전화, 편지, 문자 메시지, 이메일 등으로 축하가 쏟아졌다. 기대하지 않았던 일이라 잠시 당황스러우면서도 한편 마음이 들뜬 것도 사실이었다. 읽은 소감을 정성스레 건네주며 공감한 부분을 이야기해주기도 하고, 마치 자기 이야기인 것 같아 옆에 같이 앉아서 차를 마시며 이야기를 하고 있는 느낌이었다는 친구들, 부모의 시선은 또 남 다른 건지 책을 읽으면서 가슴이 아팠다는 엄마의 전화. 독후감까지 자세하게 써서 보내오며 읽는 내내 행복했다는 사람도 있었다. 앞으로 글을 쓸 때 보완할 점 등을 꼼꼼하게 말해 주던 지인의 충고도 진심으로 고맙게 받아들였다. 작품 중에 실명을 거론하거나 사전에 양해도 구하지 않고 자기 이야기를 썼다고 노골적으로 불쾌감을 나타내서 난감했던 적이 있었다는 이야기를 문우들한테 가끔 들은 적이 있다. 조심스럽게 그런 부분도 다 걸러냈다. 그래서 작품집에 단 한 개의 이니셜조차 없다. 그랬더니 의외로 섭섭해 하는 이들도 더러 있다. 그것조차도 나에게 주는 관심이라 고맙게 받아들이고 고개 숙여 이해시키기도 했다. 그리고 이도 저도 없는 무반응에 싸늘해지는 가슴을 어쩌지 못하기도 했다. 어떻게 말로 표현하기는 힘들지만 참으로 묘한 이 여운.

뒤늦게 완전히 공황 상태다. 뿌듯함과 허탈함이 교차하면서 갑자기 글에 대한 멀미가 일었다. 쓰기도 싫고 내 글, 남의 글 할 것 없이 읽기도 싫어진다. 당분간 처다보지도 않으리라 마음먹고 덮어서 한 쪽 구석으로 밀어버렸다. 글과 관련된 모든 생각에서 자유롭고 싶었다. 한참의 시간이 흘러 더 차분해진 후에 독자의 입장이 되어 다시 읽어보리라.

이것도 중독인가?

무언가를 써야 할 것 같은, 읽고 쓰지 않고 있으면 오히려 불안해지는 일종의 금단 현상 같은 게 내 안에서 떠나지 않으니 중독이라는 불치병에 단단히 걸렸나 보다.

내가 아는 대부분의 중독은 자기도 모르는 사이에 몸과 마음에 스며들어 자신의 힘으로 어찌지도 못하고 허우적거린다고 한다. 그러나 꼭 나쁜 것에 빠지는 것만이 중독은 아니다. 일상처럼 내 몸에 스며들어가고 있는 그 무엇이 있다면 이것도 중독이 아닐까? 고질병 같은 이 중독을 어찌하지 못하여 또다시 마음을 비우는 거다. 칭찬을 하든, 뼈 있는 소리를 하든,

아리송한 여운을 남기든, 아예 무반응이든 느끼는 것은 각자 자유다. 내 책을 말없이 받아준 것만으로도 감사한 일이며 소중한 시간을 내어 읽어주었다면 그것으로 고개를 숙일 일이다. 나 자신부터 더 겸손해지고 남의 글 하나라도 소중하게 다루는 연습을 온 힘을 다해 하리라 마음먹는다.

  중독처럼 나도 모르는 사이 또 책상 앞에 앉는다.

사랑 하나면 충분하다

까맣게 잊고 살던 외할머니 생각에 문득 가슴이 아려온다.
 어릴 적 나도 외할머니가 무척 좋았다. 할머니가 집에 와 계시면 언제나 마음이 포근했고 든든했다. 학교에서 돌아와 아침에 계시던 할머니가 보이지 않으면 말할 수 없는 허전함과 쓸쓸함이 어린 가슴에 몰려 왔다. 할머니와 헤어지는 순간은 매번 이처럼 안타까웠다. 가시지 말라고 하면 못 이기는 척 하고 안 갈 수도 있을 텐데 엄마는 왜 할머니를 적극적으로 붙잡지 않고 가게 하는지에 참으로 야속했고 어린 마음에 이해가 되지 않았다. 친정엄마도 시집 간 딸에게는 가끔은 부담스러운 존재라는 걸 그때는 알 리가 없었다.

 할머니는 우리 집에 오시면 내 방에서 잘 주무셨다. 숙제나 공부를 하고 있는 옆에서 주무시는 할머니의 얼굴만 쳐다봐도 마음이 든든했다. 다음 날 또 엄마가 붙잡지 않아서 혹시나 할머니가 가버리고 없으면 어쩌나 하는 답답한 마음을 적은 일기장을 엄마에게 들킬까봐 몰래 숨겨 놓은 적도 있다. 어쩌다가 외갓집에라도 가는 날이면 엄마 아버지가 나를 금방 데리러 올까봐 문을 잠그고 이불 속에 숨어 있기도 했다. 할머니는 사랑을 베풀기만 했지 그 어떤 작은 것도 요구하지 않았다. 공부하라는 말도 하지 않았고 버릇 나빠질까봐 야단치는 일도 없었으며 엄마의 잔소리에 든든한 방패막이 돼 주는 한편 엄마 아버지가 사주지 않는 것들을 몰래 돈을 주면서 사게도 했다. 어린 생각에 할머니는 원래 그런 거라고 생각했다.

외할머니는 한글도 못 깨우친 무 학력에다 아는 게 많은 것도 아니어서 우리에게 별다른 지혜를 가르쳐 주시지는 않았다. 하지만 딸집에 오면 당신 몸은 어떻게 되어도 상관없이 말없는 희생으로 묵묵히 일만 해주시고 희생 뒤에 그 어떤 것도 요구하지 않으셨다. 손자에게 할머니의 지식이 왜 필요하며 지혜가 무슨 소용이 있을까. 그저 사랑 하나면 충분하다.

오늘도 이산가족의 슬픔이 재현된다.
헤어질 때마다 한바탕 소동이 벌어지는 나와 외손자의 이별이다. 떨어지지 않으려고 붙잡고 늘어지고 한바탕 대성통곡을 하며 할머니의 눈물까지 빼고 나서야 제 엄마아빠에게 끌려가곤 한다.

사람들은 외손자에게 너무 정을 쏟다가 나중에 실망한다고 대충 하라고 하지만 나중에야 어떻게 되든 이토록 할머니를 좋아하고 따르는 아이를 어떻게 사랑하지 않을 수 있을까. 그 아이의 세 살 적 마음의 일기장에도 내가 그랬던 것처럼 할머니의 이야기가 많이 담겨 있으리라.

외할머니가 돌아가신 줄도 몰랐다. 장례까지 다 치르고 한참 후에야 할머니의 부음을 들었다. 거리도 멀고 아이들 키우느라 바빴던 나에 대한 주위의 배려였겠지만 죄송한 마음에 한동안 마음의 몸살을 앓았다.

내 살기 바빠 할머니 뵙기는 가물에 콩 나듯 했고 그것도 일부러 찾아가는 일은 거의 없이 친정 가는 길에 한 번씩 얼굴 스치며 돈 몇 만원 찔러주는 것이 전부였다. 이런 내가 외손자에게 무엇을 바란단 말인가? 잊고 살던 외할머니의 사랑을 그 아이로 인해 잠시나마 떠올린다.

세 살짜리 외손자가 요즘 들어 부쩍 더 할머니를 밝힌다. 엄마아빠가 오면 자기를 데리고 갈까 봐 계속 내 뒤를 졸졸 따라 다닌다. 밥도, 물도 할머니가 먹여야 먹고 기저귀도 할머니가, 응가 하고도 할머니만 찾고 다른 사람은 얼씬도 못하게 한다. 그러니 팔이 탈이 날 수밖에.

오른쪽 팔이 점점 심각하게 아파 온다. 얼마 전부터 묵직한 통증이 있었는데 이제는 팔이 뒤로 돌아가지도 않고 옷 입을 때도 잘못 들면 악 소리가 나게 아프다. 치료를 받고 침을 맞아도 아직은 별 효과를 느끼지 못하겠다.

그러나 이제 막 말문이 트여서 '할머니, 우리 할머니' 하며 볼에다 뽀뽀를 해대고 '할머니가 제일 좋아' 하는 달콤한 말 한마디에 오늘도 아픈 팔을 참아 가며 아기를 업고 안고 부비고 있다.

우리 외할머니도 우리와 함께한 그 시간들이 힘든 삶 중에 그래도 달콤한 위로의 시간이었길 바랄 뿐이다.

달이 있는 추석

아들은 깨와 설탕을 섞어 소를 넣은 송편을 좋아했다. 어릴 적부터 그 아이는 설탕이 녹아 꿀처럼 흐르는 그 송편을 꿀떡이라고 부르며 검은 콩, 밤, 깨를 넣어 만든 송편을 섞어 놓아도 깨가 든 송편만 귀신같이 잘도 골라 먹었다. 같이 앉아 송편을 빚으며 온 집안을 난장판을 만들고 시끌벅적했던 그날이 오늘처럼 적막한 날에 새삼 그리운 추억으로 다가온다.

이제 먹을 사람도 별로 없는 송편을 만들 일이 없어 떡집에서 깨가 든 송편만 골라 만원어치를 산다. 꿀떡을 좋아하는 아들인데 추석날 송편 맛이나 볼 수 있으려나.

지난여름 아들네 세 식구가 미국으로 떠났다. 공부하는 게 지겹지도 않은지 공부를 더하고 싶다고 제 식구들을 몽땅 데리고 유학길에 올랐다. 결혼한 후로 손님처럼 1, 2주에 한 번씩 며느리, 손자와 함께 드나드는 것도 감질나더니 아예 말 그대로 해외동포가 되었다.

숨쉬기도 힘들 정도로 절절 끓던 더위와 아들네 식구가 야속하게 빠져나간 빈자리가 맞물려 헐떡거리며 보내야 했던 지난 여름은 내 딴에는 견디기 힘든 날들이었다. 적잖게 당황하고 허탈했지만 담담해지려고 무지 애를 쓸 수밖에 없었다. 스마트폰으로 보여주는 손자 사진에 허탈한 웃음으로 위로받고 가끔 걸려오는 화상통화에 건성으로 비치는 그들의 모습에 뭔지 모르는 안타까움과 서운함이 몰려와 한참을 머리가 붕괴되는 듯한 느낌에 어쩔 줄 모르기도 했다.

어김없이 추석은 돌아오지만 단출하다 못해 허허로운 풍경.

풍요롭고 보름달처럼 환한 웃음이 가득해야 할 한가위지만 두 노인네만 우두커니 앉아 있는 거실이 오늘따라 더 휑하니 넓어 보인다. 특별히 바쁘게 움직일 일도 없고 마주보고 딱히 할 말도 없다. 이것이 인생인가? 우리 엄마, 아버지도 이런 모습이었을 것이고 평생 안 늙을 것 같은 미래의 내 아이들도 결국은 이렇게 살아갈 것이다. 사위까지 명절 내내 근무여서 바쁘다고 하니 힘이 쭉 빠진다.

그래도 서운한 마음에 간단하게 전 두어 가지 부치고 고기

재고 아이들이 좋아하는 잡채도 만들어 놓는다. 추석날 아침에 딸이 외손자 손을 잡고 왔고, 우리 내외가 전부다. 근간에 없었던 적막한 풍경이다. 꿀떡을 집어먹는 손자를 씁쓸한 웃음으로 바라본다. 예전의 아들 모습이 보인다.

추석 날 저녁에 문득 위기감이 든다. 앞으로 몇 번의 명절 때마다 몰려오는 이 적막감을 어떡해야 할지. 세상이 그렇게 돌고 돌아도 나는 언제나 예외일거라는 착각에서 벗어난 지 얼마 되지 않을 터라 혼란은 더 깊어간다.

"할머니, 달님이야!"
네 살 난 외손자가 작은 손가락으로 아파트 동 사이에 떠 있는 보름달을 가리킨다.

그 아이가 아니었으면 하늘도 한 번 쳐다보지 못할 뻔했다. 언제 밤하늘을 쳐다보았는지 기억도 나지 않는다. 간간이 별도 희미하게 반짝이는 밤하늘이 아름답다.

"그래, 오늘 저 달님한테 소원을 빌면 다 이루어진대. 우리 같이 두 손 모아 소원을 빌어보자."

"응, 할머니, 좋아."

아이는 진지하게 두 손을 모으고 눈을 감는다.

아이들이 어렸을 때는 온 식구가 추석날 저녁 놀이터에 나가 보름달을 바라보며 소원을 빌곤 했다. 너무도 진지하게 눈을 감고 있는 아들에게 무슨 소원을 빌었냐고 물으면 절대 비밀이라고 한 번도 말을 해 주지 않았다. 딸아이는 엄마가 물으면 귓속말로 무엇인가 속삭여 주곤 했는데, 엄마한테까지 비밀이었던 그 아이의 소원은 무엇이었을까. 오늘도 그 아이는 먼 하늘 아래서 그때 그랬던 것처럼 자기 아들과 함께 무언가를 간절히 빌고 있겠지.

차라리 아버지 산소에나 다녀 올 걸. 아버지께 이러면 안 되는 줄 알면서도 바쁘고 멀다는 핑계로 아버지 산소를 찾은 게 언제였나. 술 한 잔 못 드시는 분이 유일하게 딱 한 잔의 술을 마시는 모습을 볼 수 있었던 날. 바로 오늘. 차례를 지낸 후 정종 한잔에 뻘겋게 취하신 얼굴로 삶은 닭다리를 뜯어 손에 쥐어주시던 그 모습이 외손자가 가리키는 달 속에 눈물과 함께 어른거린다.

봄비와 함께 온 아이

 3월 초, 아직은 꽤 쌀쌀하다.
 아침 일찍 아들의 전화를 받았다. 아침에 아기를 낳을 것 같다는 말을 듣자마자 병원으로 달렸다. 이제나 저제나 했더니 곧 아기가 나오나 보다. 아기 가진 10달 동안 뭐 서운하게 해 준 일은 없었을까? 먹고 싶은 거 못 먹은 일은 없었는지, 좀 더 세심하고 따뜻하게 해 줄 걸 하는 온갖 생각들로 가는 내내 차 안에서 머릿속이 착잡하다.
 사돈도 새벽에 오셨는지 초조하게 병실 앞을 서성거리고 있다. 아무래도 딸에게는 친정 엄마가 더 편할 것이다. 병실 안으로 들어갔다. 진통이 올 때마다 며느리 얼굴이 하얗게 질려 있다. 소리라도 지르면 좋으련만 용을 쓰다 보니 얼굴의 실핏줄이 다 터졌다. 안타까울 뿐이다. 바라만 볼 뿐 해줄 일이 아무것도 없다. 아들도 애써 태연한 척하지만 좌불안석이다.

  1, 2시간 후 아기 울음소리가 우렁차게 들린다. 무사히 아기를 낳았나 보다. 자그마한 핏덩이를 보는 순간 눈물이 와락 쏟아졌다. 외손자에 이어 두 번째 경험이건만 울컥해지는 것은 마찬가지다.

  아기는 잠시 인큐베이터로 옮겨졌다. 한두 시간은 균에 감염될까봐 태어나면 다 들어가 있어야 한다고 했다. 우리 때는 그렇게 유난을 떨지 않았어도 건강하게 잘 크던데 세월 따라 사는 수밖에 없지. 창문 너머로나마 아기가 보고 싶어 안달이 난다. 수시로 창문에 가서 붙어 선다. 하얀 고깔모자에 인상을 푹 쓰고 있는 아기를 보니 웃음이 난다.

  며느리가 있는 병실로 가 보았다. 아직 통증이 가시지 않아 괴로워 하지만 얼굴은 편안해 보인다. 입술이 갈라지고 얼굴에 실핏줄이 다 터져있건만 행복해 보인다. 잘 해내서 장하다고 격려를 해주었다. 남편도 손자의 탄생을 축하한다는 문구와 함께 꽃다발을 보내왔다.

  어수선하게 몇 시간이 지났다. 병실 창문 밖을 바라보았다.

  소리 없이 비가 내리고 있었다. 첫 봄비다. 내 손자가 태어나는 날 행운처럼 봄비가 내린다. 이 봄비를 시작으로 온 세상이 맑고 깨끗하게 다시 한 번 태어나겠지. 내리는 비를 바라보며 아기가 건강하고 바르게 잘 커 줄 것을 기도한다.

아기는 건강하게 잘 커서 어느새 첫돌을 맞이했다.

아기 엄마가 몇 달을 고심하면서 만들었다는 영상 편지를 다시 꺼내서 읽어 본다.

"엄마는 될 수 있지만 좋은 엄마가 되기란 쉽지 않습니다.
아빠는 될 수 있지만 좋은 아빠가 되기란 쉽지 않습니다.
아기가 수 백 번 넘어지며 걸음마를 배우듯 좋은 부모가 되기 위한 걸음마를 배워 가려 합니다.
엄마보다 더 큰 고통을 견디고 첫 울음을 내어준 우리 아기.
세상에서 가장 경이로운 선물입니다.
〈아이의 키가 110cm가 되어 엄마와 후룸라이드를 타고
아이의 키가 130cm가 되어 아빠와 롤러코스트를 타고
아이의 키가 엄마아빠 키보다 훌쩍 커버렸을 때도
기억할게. 너가 1cm였을 때를….
그 존재만으로도 엄마아빠에겐 얼마나 큰 행복이었는지를.
우리 곁에 와 줘서 정말 고마워.〉

아기를 키우는데 이렇게 많은 정성과 인내가 필요한지 몰랐습니다. 엄마아빠가 되고 보니 혼자 자란 게 아니라는 걸 알았습니다. 부모님의 그 사랑까지 더해서 멋지고 건강하게 잘 키우겠습니다."

돌잔치에 초대된 사람들은 숙연해졌고 1년 전 2.88kg이었던 그 핏덩이는 음악에 맞춰 흔들흔들 춤을 추고 있었다.

험한 세상의 다리가 되어

　인사동 골목이다.
　오랜만에 문우들과 막걸리 잔을 부딪치는데 어디선가 귀에 익은 멜로디가 잔잔하게 들려온다.

　　당신이 지치고 스스로 초라하다고 느낄 때,
　　당신의 눈에 눈물이 고일 때,
　　내가 그 모든 걸 사라지게 해 줄게요.
　　친구도 찾을 수 없고 힘든 시간을 보낼 때,
　　내가 당신 곁에 있어 줄게요.
　　거친 강물 위의 다리처럼 내가 당신의 다리가 될게요….

　세월의 저 편에 있던 노래 하나가 이제는 다 말라버렸나 싶었던 내 감성을 다시금 자극한다.
　가사도 정확히 몰랐고 절박하지도 않던 어린 나이에 왜 그렇게 이런 노래들에 목을 매었을까? 길을 가다가도 어렴풋이 멜로디가 들리면 나도 모르게 걸음이 멈춰져 콩닥거리는 가슴을 부여잡고 이유 없이 주위를 두리번거리던 기억들. 진실로 누군가에게 거친 강물 위의 다리가 되고 싶었고 서로 위로받고 싶은 마음을 나누며 흥얼거리던 그 시절 그 노래들이 이제는 그리움이 되어 아직도 나의 가슴에 일렁일 줄이야.

며칠 전 오래 된 친구의 딸 결혼식에 다녀왔다.
수많은 결혼식을 보아 왔지만 진한 여운을 남겼던 그 결혼식 풍경을 떠올리면 아직도 가슴이 촉촉하다.
주례를 신랑의 외조부가, 축가는 신랑의 아버지가 직접 나서서 진행하는 모습이 이례적이었다.
80세가 넘은 듯한 신랑의 외할아버지께서는 판에 박힌 주례사 대신 어린 신부에 대한 진심어린 사랑을 이야기하듯 자연스럽게 전하셨다. 사위가 미국에서 유학 중 외손자가 태어나서 형편이 그리 넉넉하지 못한 가운데서 컸지만 타국에서도 밝고 바르게 자라주어 고맙다는 말과 외손자에게 와 준 손주며느리한테 정말 고맙고 가족 모두가 진심으로 환영한다는 인상적인 주례사를 남겼다. 그 할아버지를 보고 우리 남편도 훗날 손자 손녀가 커서 결혼할 때 저렇게 멋진 모습으로 나와 손주며느리와 사위를 맞이할 수 있으면 참 좋겠다는 생각을 했다. 다음, 축가를 시아버지 되시는 분께서 부르겠다고 해서 처음에는 적잖게 황당했다. 시아버지가 무슨 축가지?

사실 결혼식에서 비슷비슷한 말을 늘어놓는 주례사는 물론 친구들 혹은 전문 가수들이 나와서 부르는 축가는 그저 지겨울 뿐이지 마음에 와 닿은 적이 별로 없었다. 시아버지 되시는 분은 천편일률적인 결혼식에서 벗어나 가족들이 동참하는 자리를 만들고 싶어서 용기를 냈고 사이먼&가펑클의 'Bridge over troubled water'를 직접 불러보겠다고 했다. 미국에서 유학할 때 힘들고 외로울 때마다 가족들과 이 노래를 듣고 부르며 많은 힘을 얻었노라고 했다. 오늘 결혼하는 아들 며느리도 이 노래 가사처럼 서로 어둡고 힘들 때 편이 돼 주고 험한 세상의 다리가 돼 주라는 부드럽지만 가슴 뭉클한 메시지를 남겼다. 참으로 따뜻하고 반듯한 집안이라는 느낌과 함께 사랑받으며 행복하게 잘 살겠구나 하는 생각이 들었다.

또 아들 생각이 났다. 결혼식 내내 그 상황을 우리 아들과 접목시킬 만큼 나는 진지했다. 남의 결혼식에서 식이 끝날 때까지 이렇게 몰입했던 적이 있었던가. 무심한 듯 초연하다가도 문득 가슴 아리는 아픈 손가락들이다.

공부를 더 하겠다고 다니던 직장을 버리고 가족과 함께 미국으로 간 아들.

아는 사람 하나 없는 그 먼 곳에 가서 외롭고 힘든 시간을 버티고 있을 아들과 팍팍한 형편에 제 남편과 아들 뒷바라지에 고생할 며느리를 생각하니 갑자기 가슴이 먹먹해지며 눈앞이 흐려진다.

하지만 그날의 결혼식 풍경처럼 먼 훗날 제 아들이 결혼할 때 지난날을 회상하며 아들, 며느리에게 축가를 불러줄 수 있는 멋진 아버지의 모습을 기대해 본다.

이 노래 가사처럼, 그들처럼, 힘들 때 서로 힘이 돼 주고 눈물 흘릴 때 말없이 닦아 주며 험난한 세파를 건널 수 있는 서로의 다리가 되어 살다보면 그들의 작은 꿈을 이룰 수 있지 않을까.

인사동 골목에서 막걸리 잔을 부딪치면서, 잠 못 이루는 어느 스산한 가을날, 혹은 함박눈이 내리는 거리에서, 귓전을 스치는 이 노래에 설레던 내 젊은 날을 실어볼 것이고 미국에서 가난하게 공부하고 있는 아들을 생각할 것이고 아직도 가슴에 잔잔한 여운이 남아 있는 그 따뜻한 결혼식을 떠올릴 것이다.

알을 깨고 나온 공룡

 알에서 공룡이 나왔다.
 여섯 살 손자 녀석이 흥분을 감추지 못하고 할머니, 할머니, 소리를 지르며 불러 댄다.
 물에 담가 놓은 계란 크기의 알에서 공룡이 알을 깨고 모습을 드러냈다.
 눈에 보이는 그대로를 한 치의 의심 없이 받아들이고 있는 여섯 살짜리 아이의 맑다 못해 반짝거리는 동심이 눈부시다.
 저 천진난만하고 순수한 아이의 마음에 그려진 동화의 한 페이지는 어른이 되어서도 보물처럼 가슴에 남아 있을 것이다.

 주말이면 개선장군처럼 소리를 지르며 들어오는 그 아이가 그날은 하얀 계란 하나를 손에 쥐고 왔다.

한참을 밑도 끝도 없는 듯한 말로 장황하게 늘어놓았던 이야기가 뭔고 했더니 참새 방앗간 드나들 듯 다니는 문방구에서 제 엄마를 졸라 흰 계란처럼 보이는 알 하나를 사는 것으로 그 날의 출석부 도장을 찍었다고 한다.

 그 알을 물에다 24시간 담가 놓으면 거기에서 공룡이 부화한다고 했다.

 물론 플라스틱으로 만든 알에다 물을 부어 놓으면 접착제가 녹으면서 껍질이 갈라져 알이 벌어지는 조잡한 장난감인 듯하다.

 24시간의 개념도 정확하게 모르는 여섯 살 아이한테 알을 통에 담고 물을 부으면서 만 하루, 그러니까 내일 이맘때가 24시간이라고 설명을 해주었다.

 그 아이는 그날 밤, 알에서 티라노 사우르스가 나오는 꿈까지 꿔 가며 만 하루를 꼬박 기다렸다.

 하루 종일 수시로 들여다보며 24시간이 언제냐고 보채더니 밖이 어두워지자 본능처럼 만 하루가 됐음을 느낀 아이는 또 마음이 바빠졌다.

 알에 금이 약간 가 있었지만 벌어질 기미는 보이지 않고 아이는 물론 식구들 모두 알이 깨지길 초조하게 기다리면서 얼마간의 시간이 지나갔다.

 참다못한 제 엄마가 아이가 보지 않을 때 손으로 한 번 툭 치니 금이 가 있던 껍질이 조금 갈라졌다.
 그 안에 연두색의 플라스틱 공룡 다리가 어렴풋이 보였다. 나중에 알고 보니 그것은 다리가 아닌 공룡의 기다란 목이었지만.
 아이가 환호를 질러댄다.
 이미 흥분한 상태를 넘어 이성을 거의 잃은 수준이다.
 "할머니, 난 공룡이 안 태어날까 봐 걱정을 많이 했는데 정말 다행이야. 꿈에서 본 티라노 사우르스가 맞네. 할머니, 나 지금 숨이 콱콱 막히는 것 같아."
 어지간히 가슴을 졸였는지 아이답지 않게 그 작은 손으로 가슴을 부여잡는다. 저 씩씩거림이 어른들은 모르는 여섯 살 아이의 순수한 감성이겠지. 여섯 살 아이어서 가능한 당당하고 맑은 표현들. 그리고 그 나이만큼의 기다림을 배울 수 있었던 만 하루의 긴 시간들.

 또 설명서를 읽어 봤다.
 48시간이 더 지나야 공룡이 커지면서 밖으로 나온다고 쓰여 있다.
 플라스틱 알이 더 녹아야 안에 구부려서 넣어 둔 공룡이 쫙 펴지나 보다.
 주말을 보내고 저희 집으로 가는 아이한테 또 48시간의 기다림을 설명해 주어야 했다. 이틀 뒤 공룡이 나오면 연락해 주겠다는 약속을 받고 돌아 간 아이한테서 하루도 안 된 다음 날 유치원에서 돌아오자마자 전화가 왔다.

아이의 머릿속에는 온통 알에서 공룡이 태어나는 생각 밖에 없는 듯했다. 공룡이 어떻게 됐냐는 아이의 물음에 아차 싶어 다가가 보니 어제와 별 변화가 없었다. 아이에게는 아직 하루가 남아서 다리만 하나 나왔다고 얼버무리고 나서 급한 김에 툭 쳐 보니 껍질이 반으로 갈라지면서 말랑말랑한 플라스틱 공룡이 길게 쭉 펴졌다.

스마트폰으로 사진을 찍어서 보내줬더니 또 다시 흥분된 목소리가 전화기를 타고 울렸다.

"할머니, 진짜 공룡이 태어났네. 그런데 티라노 사우르스가 아니고 스테고 사우르스야. 그리고 아직 아기라서 뿔이 없나 봐. 하루 더 기다리면 뿔도 나오겠지?"

아이고, 어쩌면 좋아?

33년 전 돌복

 장롱 깊숙한 곳에 넣어 두었던 보자기를 꺼냈다.
 34살 난 아들이 돌날 입었던 한복이 곱게 싸여있다. 색동저고리에 분홍바지, 조끼, 두루마기까지 30년이 넘는 세월에도 그런대로 훌륭하다.
 한두 번 입고 만 것이라 멀쩡한 새 옷이 아깝기도 했고 돌복이라는 의미도 나에게는 크게 다가 왔다. 내 아들이 제 자식을 낳으면 혹시라도 물려줄 수 있지 않을까하는 막연한 마음에 차마 없애지 못하고 30년 넘게 보관하고 있었다.
 딸이 먼저 아기를 낳았기 때문에 그 옷은 외손자한테로 먼저 갔다. 동정만 새로 달고 다림질을 하니 요즘 나오는 한복에도 전혀 손색이 없다. 내 눈에만 그렇게 보이나 했더니 딸도 흔쾌히 받아들였고 기쁜 마음으로 외손자에게 아들의 돌복을 입힐 수 있었다.

　돌잔치 때는 사회자가 외삼촌이 30여 년 전 입었던 돌복을 조카가 입었다며 이런 대물림은 사회적으로도 의미 있는 일이라고 추켜 세워주기도 했다. 이런 모습은 사회적으로 권장할 만한 아름다운 일이라는 말까지 해 줘서 은근히 으쓱해지고 마음이 뿌듯했다. 추석, 설 명절을 지나며 외삼촌이 입었던 한복을 입고 뛰어 다니는 사이에 아이는 점점 커지고 그 옷은 원래의 주인한테로 되돌아갔다. 두 살 아래인 친손자 차례가 온 것이다.

　며느리한테 그 한복을 건네줄 때 사실은 마음이 복잡했다. 아들이 입었던 옷을 손자가 입은 모습을 보고 싶은 내가 가지고 있는 간절한 의미와 그 아이의 마음과는 다를 수 있기 때문이다. 요즘처럼 옷이야 뭐야 물질이 넘쳐나는 세상에 아쉬울 게 없을 텐데 굳이 그 옷을 입히고 싶지 않을 수도 있을 것이다. 돈 몇 만원 들고 나가면 얼마든지 예쁜 걸로 살 수 있고 집에 앉아서도 인터넷을 통해 마음에 드는 것을 골라서 사 입힐 수 있는 세상이다. 그리고 요즘은 부모와 아이가 똑같이 쌍둥이처럼 입고 등장하기도 하는 게 유행이기도 한 세상에 몇 십 년 전의 구식 한복이 내키지 않을 수도 있을뿐더러 시어머니의 욕심내지는 궁상으로 여겨질 수도 있을 것이다. 시어머니가 주는 것이니 거절할 수도 없고 뭐 이런 걸 주나 하고 난감해하는 며느리의 표정도 상상하니 자꾸 소심해진다. 하지만 난 이 날을 위하여 이 옷을 몇 십 년을 보관해 왔고 넘겨주는 것까지가 내가 할 일이라고 생각해서 깨끗하게 세탁한 옷을 전했다. 입히고 안 입히고는 며느리의 마음이고 선택이니까.

 설날 아침, 작년에 미국으로 간 아들, 며느리에게서 전화가 왔다. 영상 통화로 세 살 난 손자가 33년 된 아빠의 돌복을 입고 세배를 한다. 속 깊은 며느리가 내가 준 한복을 미국까지 잘 챙겨 갔나 보다. 색동저고리에 분홍 바지, 파란색 조끼에 까만 도령 모자까지 쓰고 세배를 하는 모습이 정말 귀엽다. 거기 시간으로는 설 전날 저녁이련만 이 쪽 시간에 맞춰서 전화를 준 며느리의 배려에 뿌듯하고 고마운 마음에 울컥한다. 가까이에 함께 모여 살면 이런 날 덜 쓸쓸할 텐데….

 빛바랜 앨범에서 33년 전 사진을 찾아 추억을 더듬는다. 돌을 맞이한 아들이 집에서 내가 손수 차려 놓은 돌상 앞에서 색동 한복을 입고 만세를 부르고 있다. 스마트 폰 속에서 제 아빠의 돌복을 입고 뛰어다니는 손자의 모습에서 앨범 속 스무 일곱의 내 모습과 세 살짜리 아들이 겹쳐 보인다.

 그 시절에는 백일이든 돌이든 다 내 손으로 상 차리고 사진도 집에서 찍어주었다. 백일 사진은 의자에 이불을 덮어 씌어 놓고 그 위에 아기를 앉혀 쓰러질까 봐 뒤에서 살짝 붙들고 있고 앞에서는 재빨리 셔터를 누르곤 했다. 강산이 세 번이나 바뀐 지금, 그렇게라도 흔적을 남겨둔 게 얼마나 다행스러운지 모르겠다. 심심찮게 손자와 아들을 비교해 가면서 옛날을 추억할 수 있으니 말이다. 돌이켜 보면 늘 빠듯하고 부족했던 그 시절이, 그래서 억척을 떨며 치열하게 살 수밖에 없었던 그 시절이 오히려 그립기까지 하다.

  요즘은 태어나서부터 50일, 백일, 돌 사진을 사진관에서 수차례 옷을 갈아 입혀가며 촬영을 하는 게 유행처럼 돼버렸다. 예전에 그렇게 못 살아 봤으니까 이런 요즘의 세태가 부럽기도 하지만 한편으로는 돈은 돈대로 들고 어른 고생, 아이 고생, 뭐하는 짓인가 한심하다는 생각도 든다. 다들 하는 데 나만 안 하면 무언가 뒤처진 느낌이 들 테고 아이들한테도 미안할 것 같은 느낌에 무리인 줄 알면서도 어쩔 수 없이 따라가야만 하는 젊은이들의 현실이 버거워 보인다.

  먼 나라 미국에서 스마트폰으로 보여주는 사진을 넘길 때마다 느끼는 야릇한 허탈감과 화상 통화를 하고 난 후 밀려오는 정체불명의 안타까움에 한동안 멍해 질 때도 있지만 잊지 않고 챙겨 가서 설날 아침 그 옷을 단정하게 입혀 할아버지, 할머니께 세배를 시키는 모습이 대견하다.

  며느리는 또 30여 년의 세월이 흘러 제 아들이 장가가서 아들을 낳으면 그 아이에게 이 옷을 다시 물려주고 싶다고 말한다. 그 마음이 고맙다.

지금 이 순간이 경이롭다

"엄마, 아기가 움직여."

둘째 아기를 가진 딸의 배를 만져 본다. 더운 여름을 무거워지는 몸 때문에 많이 힘들어 하더니 그새 풍선처럼 커져버린 아기는 제법 꼬물거리며 '나 여기 있어.' 하는 존재감을 드러낸다. 딸의 배 속에서 꼬물거리는 둘째 손주에 대한 기대. 단풍이 예쁘게 물들은 날, 혹은 낙엽이 지는 늦가을 어느 날 그 아이도 선물처럼 우리 곁에 오리라. 엄마 배 속에 있었던 게 엊그제인 것 같은데 간밤 내린 비에 훌쩍 커져있는 고추나무처럼 자고 나면 쑥쑥 자라는 큰손자가 부리는 재롱. 우리는 이 기적 같은 생명의 탄생에 경이로움을 금치 못한다. 생명의 신비야말로 우주 최대의 기적이며 어떤 첨단과학으로 설명될 수 없을 듯한 경이로움이다. 어떤 생명이든, 그것이 한낱 애벌레의 삶일지라도 꿈틀거리며 만들어내는 삶의 흔적은 분명히 경이롭다.

　파란 가을 하늘, 가을이 만들어 내는 갖가지 빛깔이 벌써 눈부시다.
　그 가을 속으로 여행을 떠났다.
　번개로 이루어진 강릉으로의 1박 2일 가을여행.
　여행을 좋아하는 친구들과 강릉행 버스에 몸을 실었다. 어쩜 아기가 태어나기 전에 어디라도 다녀와야 될 것 같은 생각이 크게 자리 잡고 있었는지도 모른다. 곧 비가 올 듯 차분히 가라앉은 날씨는 차창 밖의 풍경을 더욱 고즈넉하게 만든다. 미끄러지듯 달리는 차 안에서 잠시 생각에 잠긴다. 지금 나는 예측불허의 삶 속에서 요리조리 피해가며 오늘을 살고 있는 게 아닐까 하는 생각이 문득 든다.
　요 며칠 사이만 해도 그렇다. 지구 반대편에서 끔찍한 테러가 발생해 수많은 인명피해가 났다는 소식에 충격을 받기도 했고 홍수, 지진, 화산폭발 등 시시각각으로 터지는 지구촌의 인재, 혹은 자연재해에 언제나 속수무책일 수밖에 없는 인간의 현실이 안타깝다. 차창 밖으로 펼쳐지는 황금 들판을 바라보며 그 평화로움에, 언제 무슨 일이 벌어질지 모르는 시한폭탄 같은 삶 속에서 기적 같은 시간을 누리고 있는 것이 아닐까 싶다. 지금 이 순간이 존재하고 그 시간 위에 내가 서 있고 또 다시 아름다운 가을을 만날 수 있음이 감사하고 경이롭다.

싱그러운 공기가 몸으로 전해지고, 향기롭게 다가오는 바다 내음이 서울을 벗어나 강원도로 가고 있음을 실감나게 한다.

누군가가 7년 동안 매일 쌓았다는 돌탑 길을 걸으면서 그 정성에 감탄하고 들길에서 마주친 작은 꽃들에게서 눈을 떼지 못했던 순간.

철썩거리며 다가오는 파도. 철 지난 바닷가의 한적한 여유를 마음껏 누릴 수 있던 그 밤의 향기. 가까이서 바라보는 것만으로도 가슴이 두근거리던 밤바다.

펜션의 바비큐장 비닐하우스 천장으로 떨어지는 빗소리가 실로폰의 높은음보다 더 맑고 아련한 멜로디처럼 들리던 밤이었다. 이럴 때 왜 이렇게 숨쉬기도 힘들 정도로 가슴이 뻐근해져 올까? 이대로만, 지금 이쯤에서라도 시간이 멈추어 더 이상 늙지 않았으면 좋겠다며 서로 아쉬움을 달래보기도 한다. 이보다 특별하고 새로운 일이 더 이상 없어도 좋을 지금 이 시간. 욕심 없는 평범함이 만들어 내는 이 소소한 일상의 행복. 삶에 대한 태도나 생각을 달리 했을 때의 커다란 변화. 경이로운 밤이 속절없이 깊어간다.

가을비 내리는 아침, 누군가의 권유로 찾아 간 '보헤미안'이라는 이름의 찻집.

　들어서는 입구에서부터 풍기는 커피 향에 벌써 짜릿하다. 이름처럼 방랑하다 돌아온 자들을 따뜻하고 편안하게 반기는 듯하다. 바다가 내려다보이는 창가에 앉아 갓 구워 낸 토스트 한 조각과 함께 마시던 한 잔의 커피. 오래된 친구들과의 여유 있는 담소. 커피 한 잔이 앞에 놓이면 한없이 정겹고 따스해지는 마음들. 다시 그리움으로 남게 될 그 시간들을 천천히 음미한다.

　그 쌉싸름하면서도 향긋하던 여운이 아직도 혀끝에 감도는 듯한 느낌. 지금 이 순간이 경이롭다.

차라리 파밭이나 맬 걸

쿵! 아기가 떨어졌다.

순식간에 일어난 일이라 머릿속이 하얗다. 한참 이리저리 뛰어다니는 시기라 툭 하면 벽에 찧고 넘어지고 해서 얼굴에 멍도 자주 든다. 며칠 전에도 식탁에 올라갔다 내려오다가 의자에서 떨어져 볼에 시퍼렇게 멍이 든 것이다.

외손자가 돌이 지났을 무렵인 지난가을에 딸아이가 복직을 했다.

우려했던 일이 현실로 돌아왔다. 아기를 두고 일터로 나간다는 것이 쉽지 않은 결단인지라 많이 갈등하더니 일단 일을 다시 하기로 마음을 굳혔나 보다. 솔직히 나도 많이 부추긴 것이 사실이었다. 나처럼 집에서 아기 키우고 살림만 살다가 한평생을 마치는 삶을 딸에게 되물려 주고 싶지는 않았다. 지금의 삶에 큰 후회는 없지만 그래도 나와는 좀 다른 삶을 살았으면 하는 바람이 컸던 것이다.

손자는 내 차지가 되었다. 가장 안심하고 믿고 의지할 수 있는 사람이 친정 엄마 밖에 더 있을까마는 자신 반, 걱정 반으로 승낙하고 보니 아기 보는 일이 만만하지는 않았다. 자고 나면 예쁜 짓에 재롱을 보고 있으면 온갖 시름이 다 없어지고 종일 있어도 이야기할 대상도 없고 웃을 일이 없던 나에게 그 아이는 커다란 기쁨과 웃음을 준다. 하지만 내가 아이를 책임지고 돌봐야 하는 데는 남모르는 부담도 꽤 큰 것이 사실이다. 처음 2, 3개월은 정말 죽을 만큼 힘들었다. 예전 내 아이를 키울 때도 이렇게 힘들었나 싶을 정도로 육체적, 정신적으로 한계가 옴을 느꼈다. 딸의 직업 특성상 밤에 데리고 자야 하는 날도 꽤 되다 보니 잠도 제대로 못 자는 날이 계속되었다. 이렇게도 힘이 드는 일인 줄 알았으면 애초에 딸에게 복직을 권유하지는 않았을 것이고 아기를 봐주겠다고 약속하지도 않았을 것이다.

죽을 만큼 힘들던 일도 서너 달이 지나면서 조금씩 나아지고 아기도 나도 훨씬 편해지기 시작했다. 그런데 몸이 조금 적응되는 것 같더니 어느 날부터 딸의 무심코 내던지는 말 한마디, 표정 하나에도 난데없는 공허감과 섭섭함이 밀려오기 시작했다. 내가 왜 이러고 살아야 하나, 죄인 아닌 죄인 행세를 하면서 밀려오는 섭섭함과 야릇한 기분은 어떻게 표현해야 할지 모르겠다.

아기를 보기 시작한 지 한 달쯤 되는 어느 날 늦가을 모기가 아기의 볼과 귀를 깨물어 놓았다. 가려워서 긁은 탓인지 빨갛게 부어오르면서 약간의 상처가 생겼었다. 내 잘못인 양 정신이 하나도 없었다. 당장 모기 물린 아기 걱정보다 딸의 놀라는 얼굴이 먼저 떠올랐다. 아기를 안고 무조건 병원으로 달려갔다. 병원을 가 봤자 별다른 방법이 없는 줄은 알지만 내가 할 수 있는 유일한 일이었다. 의사 선생님도 모기 한 방 물려서 병원으로 쫓아온 내가 어이없다는 표정이다.

"제 엄마가 보면 얼마나 속이 상하겠어요. 빨리 좀 낫게 해 주세요."

아기가 모기에 물릴 수도 있고 놀다가 다칠 수도 있지 그러지 말라는 말을 뒤로 하고 아기를 안고 돌아오는 내 마음이 엉킨 실타래처럼 복잡했다. 내 자식 같으면 아이만 낫게 하면 그만인데 내가 왜 이 아이의 엄마 아빠 얼굴까지 떠올려야 하는 건지에 너무도 속이 상했다. 감기가 들어도 내 탓인 것 같다. 아기는 잘 보면 본전이고 못 보면 원망투성이라더니 실컷 잘 봐 주다가 이게 뭐람. 옛말 그른 것이 어찌 이리 하나도 없을까.

차라리 파밭이나 맬 걸.

그래도 바라만 봐도 예쁜 내 손자. 이 아이는 나중에 이런 할미 마음을 알아줄까? 마른 침을 삼켜가며 자장가를 수십 번 되풀이해서 불러대는 이 할미를, 내 남편에게는 단 한 번도 끓여준 적 없는 전복죽을 몇 달 끓여 먹이면서 같이 부비고 뒹굴고 했던 그 시간을 기억할 수 있을까? 제 엄마를 따라 뒤도 안 돌아보고 갈 때의 그 무너졌던 심정이 어땠는지를 조금이라도 헤아릴 수 있을까? 그러나 나는 안다. 그것은 온전히 나의 기쁨이고 추억이지 그 아이의 것이 아님을….

며칠 째 바람이 세차게 불어댄다. 3월부터 어린이집을 다니면서 봄바람에 감기가 잔뜩 들어 기침까지 콜록거린다. 마음이 아프다. 봄은 왜 이다지도 어렵게 오는 걸까? 봄이구나 싶으면 저만치 뒷걸음질치고 그러기를 몇 차례 반복하다 어느새 자취도 없이 사라지는 계절.

어린이집에서 아기를 찾아 가슴에 꼭 파묻고 바람 속을 달려오면서 이번만은 온전한 봄이 빨리 오기를 애타게 기다린다.

길 따라 바람 따라

올레를 가기 전까지 그곳에 대한 나의 반응은 항상 시큰둥했다. 사람이 만들어 놓은 길을 따라 걷는 게 다 그렇고 그렇지 별 특별한 게 있을까 했고 누군가가 올레에 대해 이야기해도 갔다 온 데 대한 자랑으로 들릴 뿐 별로 끌리지는 않는 곳이었다.

3월의 바람도 세차게 불어대는 어느 날 나는 올레와 극적으로 만났다.

극적이라는 표현을 써도 좋을 만큼 항상 불가능을 가능하게 만드는 능력을 가진 S언니의 덕분에 생각지도 않은 제주 올레 길에 오르게 된 것이었다. 그 녀는 이미 이틀 전에 딸과 함께 가서 두 코스를 완주하고 있던 참이었다. 매일 보내오던 문자 메시지에는 꽃소식, 봄소식을 차례로 전해 오며 너무 좋으니 빨리 오라는 말 뿐이었다. 좋은 것을 혼자 보기 아까워 공유하고 싶어 하는 그녀의 품성은 마지막 날까지 나를 재촉하였고 결국 나를 그곳에 데려다 놓고 말았다. 마침 바쁜 일이 있는 터라 호의만 고맙게 받고 생각조차 못하고 있다가 한 코스라도 걸어보고자 도깨비 놀음하듯 밤 비행기를 타고 제주로 날아갔던 것이다.

올레길 12코스 17.6㎞. 처음엔 좀 아찔했다. 첫 출발지인 무릉생태학교로 찾아가기까지도 소요되는 시간이 꽤 되었다. 택시 기사님의 좀 지루할지 모르는 그 코스를 왜 택했냐고 의아해하던 말씀도 점점 심각해지기 시작했다. 휘몰아치는 바람에 잠시 후회와 불안감이 겹친다. 구제역 때문에 우회해야 된다는 경보도 나 붙어있고 세차게 불어대는 바람도 내심 걱정스럽다. 내 평생에 그런 바람 속을 헤매고 다닌 일이 기억에 더는 없는 것 같다. 어제까지는 바람도 한 점 없고 날씨가 무척 좋았다는데….

그러나 마을길을 굽이굽이 돌아 마늘, 양파, 브로콜리, 양배추가 바람에 출렁거리는 탐스러운 밭길을 리본을 따라 걷는 동안 바람에 몸을 맡기고 가는 재미가 슬슬 느껴지기 시작했다. 바쁠 것도 없고 뒤에서 누가 재촉하니 빨리 가야하는 할 일도 없고 앞 사람 따라 가야한다는 부담감도 없다. 게다가 3월의 바람은 이미 못 견딜만한 추위는 아니었다. 처음 만난 오름길,

녹남봉 소나무 숲 속은 바람도 잠을 자고 아늑했다. 햇살까지 따스하게 비추어 주니 한결 숨이 돌려진다.

어디선가 향긋한 봄내음이 코끝에 전해온다. 겨울을 견디고 대지를 뚫고 나온 연한 쑥들이 실바람 사이로 고개를 내민다. 길옆에 돋아있는 쑥을 캐기 위해 그 자리에 주저앉았다. 서울 태생인 그녀와 그녀의 딸은 별 관심이 없는 듯했지만 봄철에 쑥만 보면 주저앉는 나를 배려해 쑥을 뜯으며 미리 맞이한 봄을 흠뻑 누릴 수 있었다.

돌담을 돌아 한참을 나오니 드디어 바다가 보인다. 시간이 꽤 됐나 보다. 서둘러 나오느라 아침도 대충 먹고 바람 속을 뚫고 걷다 보니 처음으로 만나는 식당이 반갑기만 하다. 이렇게 황당한 일도 있나? 하필이면 정기휴일이란다. 다시 식당 있는 데까지 걸어가려면 2시간은 걸릴 텐데. 가만히 서 있으면 휙 날아갈 듯한 바람과 배고픔은 가도 가도 사람 그림자 하나 보이지 않는 길 위에서 외로움마저 느끼게 한다.

오롯이 우리 세 사람만이 길 따라 바람 따라 그렇게 정처없이 걸어가고 있었다. 귤과 오미자 차 한 모금씩으로 목을 축이면서 그나마 목마름을 달랬다. 한참을 더 걸은 끝에 어렵게 만난 식당에서 우리는 잠시나마 허기와 추위를 녹일 수 있었다. 세찬 바람에 움츠러든 추위를 녹여주던 성게 미역국은 지금도 그 감칠맛 나는 여운이 감돈다.

　내가 처음 접한 올레길은 끝까지 기대 이상의 모습을 보여주며 나를 흥분으로 몰고 갔다. 시루떡처럼 켜켜이 나누어진 모습으로 이어져 있던 짜릿한 절벽, 넓은 들판 위로 날아다니던 새들이 세찬 바람을 이기지 못하고 곤두박질치던 안타까운 풍경, 바다와 마주하던 해안가 마을 어귀의 돌담길, 저 멀리 보이는 차귀도의 절경, 가쁜 숨을 몰아쉬며 뒤척이던 바다, 바람을 이기지 못하고 신음하며 누워버린 갈대의 울부짖던 소리 등 올레길 12코스는 보여줄 수 있는 모든 것을 아낌없이 내어주고 있었고 느림의 미학을 온몸으로 느낀 시간이었다.

　올레길에 대한 여운은 한동안 나를 벅차게 할 것이고 바람 불던 3월의 올레를 오래도록 기억할 것이다. 계속 두근대는 마음을 쉽게 접지 못해 곧 배낭 하나를 메고 다시 올레길을 찾아 나설 것만 같다. 이 좋은 경험을 나눌 수 있도록 끈질기게 나를 불러 준 S언니에 대한 고마움도 두고두고 잊지 않으련다.

혼자 걸은 올레길

　올레에 대한 설렘은 식을 줄을 몰랐다.
　벅차오르는 가슴을 누르지 못해 어느 날 문득 배낭 하나를 지고 나 홀로 올레길을 찾아갔다. 그리 좋은 날씨도 아니어서 남편의 걱정에도 당일 코스로 다녀오겠다는 말만 남기고 떠나본 것이다. 떠날 수 있는 것은 일종의 용기다. 누구나 떠남을 꿈꾸고 있지만 선뜻 떠나지 못함이 용기가 부족한 것이 아닐까? 길 위에 나 혼자 선다는 게 생각만 해도 가슴이 뛴다.
　지금까지의 나의 삶을 뒤돌아보고 싶었다. 그동안 가슴에 쌓아두었던 찌꺼기를 털어버릴 수 있었던 시간들. 내가 먼저 이해하고 내가 먼저 용서할 걸.
　세상에는 겸허한 마음으로 사람들에게는 더 겸손해져야겠다. 모든 욕심에서 벗어나 진정으로 모든 것에 감사하며 더 사랑하면서 살아가리라.

　쇠소깍에서 외돌개까지 걸어가는 6코스를 택했다. 아침의 걱정과는 달리 날씨가 너무 좋다. 춥지도 덥지도 않고 바람까지 적당하게 불어주는 화창한 봄날이다. 꽃잎 속에서 함박웃음을 짓다가도 어느 날 찢겨지듯 비바람 몰아치며 내내 잔인했던 4월의 봄이었다. 하늘을 쳐다보았다. 이제 4월의 잔인함 같은 건 이제 없다. 두근거리는 가슴만 맑은 하늘을 꽉 채울 뿐이다. 이렇게 가슴 뛰는 시간을 간절하게 가지고 싶어 했다.

　혼자 하는 여행의 묘미가 이런 것인가 보다. 옆 사람 신경 쓰고 눈치 볼 것 없이 편안한 마음으로 걸을 수 있었던 그 시간. 길 위에서 만난 사람들과 눈인사도 해가면서 혼자 걷는 외로움을 달래보기도 한다. 깊은 고독에서 벗어날 수 있으리라 생각했던 이 길이 혼자라는 자유만큼 나를 더욱 쓸쓸하게도 한다. 그 쓸쓸함도 파도소리에 고이 묻어둔다. 바다가 내려다보이는 길을 따라 4월의 꽃들이 살랑거리는 바람에 눈부시다.

　그 하루의 기쁨이 고스란히 내 속에 스며들기를 바라며 연록빛 잎새처럼, 청보리밭 싱그러움처럼 활짝 웃는 5월을 기대한다.

　한 달 후 또 길을 나섰다. 남원 포구에서 쇠소깍까지의 5코스다. 코끝으로 스며드는 바다내음이 나를 두근거리게 한다.

한 달 만에 찾은 바다는 거기 그 자리에서 여전히 거친 숨을 내몰아 쉬고 있다. 검은 현무암 위로 철썩이는 파도도 끝없는 수평선도 바람에 하늘거리는 들꽃들도 모두가 그 자리에 변함 없이 있다. 어쩜 변한 건 나뿐인지도 모르겠다. 그냥 나 스스로에게 위로받고 싶어 또 길을 나선다. 바다가, 들길이, 햇빛에 눈부시게 반짝거리는 들꽃이 나를 위로하며 손짓한다. 치유의 시간이다. 예전 할머니의 품속같이 아늑하고 따뜻한 온기가 느껴진다.

거대한 평원 같은 검은 현무암 밭을 지난다. 돌 모양이 갖가지 동물을 연상케 한다. 아프리카쯤의 동물의 왕국 같다. 나름대로 이름을 붙여본다. 저건 호랑이, 저건 코뿔소, 오랑우탄, 물개 등 모양이 흡사한 현무암들이 살아 꿈지럭거리는 것 같다. 해안을 따라 걷노라니 금세 숲길이 나타난다. 호젓한 오솔길. 길 위에서는 누구나 시인이 되고 신선을 꿈꾸는 것 같다. 콧노래가 절로 나온다. 딴에는 잘 산다고 살아 왔건만 이렇게 여유 있게 삶을 느끼는 것이 도대체 얼마만일까? 어렵잖게 네 잎 클로버도 하나 찾아 수첩에 끼운다. 문득 뒤를 돌아본다. 앞으로만 걸어가면서 보이는 풍경과는 또 다른 깊고 아늑한 느낌이다. 내가 언제 저 길을 걸어왔던가. 앞만 보고 달려가던 그 파란만장한 인생길도 돌아보면 잔잔한 추억과 그리움으로 그려지는 것처럼 돌아 본 그 길의 모습은 애잔한 아름다움이다. 한참을 그 자리에 서서 점점 좁아지며 결국은 점으로 남는 그 길의 끝을 바라본다. 한 걸음 한 걸음 내딛던 길이 어느새 도착점 앞에 서 있다. 이 길의 끝은 또 다른 길의 시작일 것이다. 또 다른 시작을 위하여 마지막 힘을 모아 본다. 가는 세월을 붙잡을 수는 없지만 한 번씩 뒤를 돌아볼 수 있는 여유를 올레길에서 배운다.

2.
추억의 저편

아프리카의 어느 오지쯤에서 커피나무에서 직접 딴 빨간 커피 열매를 손수 껍질을 벗겨 씻어 말려서 투박한 팬에 담아 장작불에다가 고소한 향기가 날 때까지 볶아 절구에 찧고 그들이 마시는 대로 정감어린 주전자에 끓여 보자기에 내려 만든 커피 한 잔을 마시고 싶다.

아홉수의 횡포

 회전근개파열이라는 듣기에도 생소한 진단을 받았다.
 침도 맞아보고 물리치료도 다녔지만 점점 심해지는 팔의 통증을 견디다 못해 MRI를 찍었다. 원인이 뭐였는지는 그리 중요하지 않았다. 의사는 아기를 무리하게 안아서 그렇다고 하지만 그저 나이에서 오는 퇴행성으로 믿고 싶다.
 팔을 마음대로 움직일 수가 없었다. 위로 올라가지도 않고 뒤로 돌아가지도 않는다. 통증 때문에 옷을 입고 벗기가 두려웠다. 밤에는 아픔이 더 심해 잠을 잘 수가 없었다. 자다가도 몇 번을 깨서 일어나 멍하니 앉아있는 일이 많아졌다. 앉아 있으면 통증이 그나마 덜하였다.
 자신감이 점점 없어진다. 종일 우울하고 매사에 의욕도 없고 무기력하다. 아기를 번쩍 들어 안을 수도 없으니 속이 상한다.

빙판에 미끌 하면서 다행히 넘어지지는 않았는데 팔에 충격이 와 눈물이 쏙 빠지도록 아팠다. 밖에 나가기가 겁이 난다. 혹시라도 옆 사람에게 팔을 부딪칠까봐 왼팔로 감싸 안는다.

의사는 당장 수술을 해야 된다고 했다. 순간 머릿속이 하얗게 된다. 눈물이 핑 돈다. 의사에게 수술하지 않으면 안 되냐고 매달린다. 숟가락 들기도 힘들어지고 머리도 빗기 어려워지는 등 점점 더 나빠질 거니까 하루라도 빨리 해버리는 게 낫다고 한다. 숟가락도 못 들면 도대체 어쩌란 말인가?

팔이 아프니 점점 몸 전체의 면역이 떨어지는 것 같다. 온 얼굴이 가려워서 못 견딜 정도로 뒤집어진다. 입가에 포진이 계속 번진다. 의사는 면역 체계가 무너졌다고 걱정한다. 거기에다가 기침감기까지 심하게 걸려 계속 콜록댄다. 근간에 이렇게 몸이 아파보기는 처음이다.

수술 날짜까지 잠정적으로 받아 놨는데 컨디션이 이 지경이니 당분간 수술은 할 수 없다고 한다. 불행 중 다행으로 고민할 수 있는 얼마간의 시간은 벌어 논 셈이다.

내 나이 오십 아홉이다. 아홉수를 이렇게 모질게 겪는가 하는 생각도 든다.

거의 두 달을 심했다 덜했다 반복하는 감기와 씨름하며 아픈 팔을 부여잡고 집안에서 뒹굴었다. 아무것도 하기도 싫고 하지도 않았다. 아파도 살아야 되니 식충이처럼 밥만 먹고 누워 뒹굴었다. 아직까지 숟가락은 겨우 들 수 있었다.

　이 나이에 이렇게 아프면 앞으로 어떻게 살아가지? 오래 살면 어떡하지? 하는 공포가 밀려왔다.

　몸이 아프면 마음까지 약해지고 귀는 또 왜 그리 얇아지는지 모르겠다. 신문이나 TV에서 팔 어쩌고 하는 말만 나와도 눈이 번쩍 뜨인다. 이 사람 저 사람이 하는 소리마다 솔깃하다. 금방 수술을 해야겠다고 마음먹다가도 또 누구 말을 들으면 그게 아니다. 친구도 간곡히 부탁한다. 버티는 데까지 버텨 보라고. 달래가면서 살다가 죽을 만큼 아파서 도저히 못 견디겠으면 그때 수술하란다. 어느 장단에 춤을 춰야 할지 혼란스럽다. 백화점 에스컬레이터에서 어깨수술을 한 사람을 봤다. 팔에 집채만 한 보조기를 차고 있는 모습이 끔찍하다. 옆에 있던 친구가 너도 저러고 다녀야 된다며 겁을 준다.

　두 달을 지겹게 아프더니 겨울의 끝에서 어느 날 감기가 뚝 떨어졌다. 더 신기한 것은 팔도 처음처럼 심한 통증은 사라진 것 같다. 완전하지는 않지만 그래도 이만하면 살 거 같다. 옷 입을 때 예전처럼 악 소리는 나지 않는다. 밤에도 이젠 요령이 생겨 통증이 덜 한 자세로 누워 잠을 잘 수 있게 되었다. 숟가락도 더 높이 올라간다. 감사할 일이다.

단순한 오십견과는 달리 어느 힘줄 하나가 찢어졌으니 수술하지 않는 이상 예전의 건강했던 팔을 기대할 수는 없을 것이다. 그렇다고 수술을 한다고 해서 완치된다는 보장도 없다. 사람의 인체는 신비스러운 것이어서 자연 치유력도 있다고 하니까 믿고 당분간 버텨볼 생각이다. 모든 것은 내 선택이고 결정이다. 대신 아파줄 이도 없고 도와줄 사람도 없다. 날씨가 따뜻해지면 팔이 더 나아질 수도 있을 거라는 긍정적 생각도 한다.

지난겨울 추위는 혹독했다.

지구 온난화가 일시적으로 강추위를 몰고 왔다는 이해할 수 없는 논리 앞에서 마음도 꽁꽁 얼어붙었다.

그러나 또 다시 봄이다.

정신 차리자. 힘을 내자. 다짐하며 기지개를 켠다.

아홉 수 땜은 단단히 했으니 지난겨울과 같은 악몽은 다시 찾아오지 않았으면 좋겠다.

10년 다이어리

아주 특별한 선물을 받았다.

10년 동안 쓸 수 있는 두툼한 다이어리다.

하루에 서너 줄 정도씩 그날의 메모를 하고 마지막 장을 넘기는 날이 1년이 되는 셈이다. 그러면 또 다시 처음으로 되돌아와 두 번째 칸을 마지막까지 넘기며 다음 1년, 그렇게 열 번을 써 내려가면 두툼한 책 한 권이 꽉 채워질 것이다. 그렇게 해서 앞으로 10년의 내 삶이, 내 역사가, 매일매일 내가 무엇을 했는지, 작년 오늘은, 3년 전 오늘은 무슨 생각을 하며 살았는지가 한 눈에 들어올 것이다. 10년 후, 길다면 긴 세월, 수많은 변수가 생기겠지만 10년 동안 차곡차곡 쟁여 둔 내 삶들이 이 한 권에 담길 준비를 하고 있다.

크게 작게 많은 걸 섬세하게 배려해 주는 참으로 고마운 친구.
해 준건 없고 받기만 해서 항상 미안한 친구.
그래서 항상 감사하는 마음으로 살고 싶게 만드는 나의 소중한 친구.

처음 석 줄은 이렇게 썼다.

몇 년 전만 해도 버킷 리스트란 말이 자주 등장했다.

죽기 전 내가 하고 싶은 것을 버킷 안에 담아 두는 것이다.

죽기 전은 어감이 그렇고 10년 동안 하고 싶은 일을 10년 다이어리 맨 앞에 적어 본다.

사실 버킷 리스트가 한창 유행하던 몇 해 전 나도 나름대로 10년 안에 이루고 싶은 몇 가지를 생각해 둔 적이 있었다. 원하는 것을 마음속으로 반복해서 되뇌고 있으면 어느새 나도 몰래 그 가까운 데까지는 달려와 있는 신기함이 있었다.

이 나이쯤 되니까 시간은 숨도 고르지 않고 달음박질치는데 달아나는 세월을 바라만 볼 뿐 허송세월을 보내는 날이 많다.

사실 앞으로의 삶에 그다지 큰 바람은 없지만 그래도 아쉬운 마음에 몇 가지 목표를 세워본다.

글을, 감동이 있는 글을 쓰고 싶다. 나의 삶 마지막까지의 숙제이기도 하지만 참으로 어려운 일이라는 것도 안다.

글을 쓰면서도 내가 지금 무슨 소리를 하는지 모를 정도로 횡설수설할 때가 많다. 그만큼 나에게 벅차고 과분한 일임을 피해 갈 수가 없지만 내 한계를 과감히 뛰어 넘는 날이 올 수도 있지 않을까? 끝까지 열심히 살았노라고, 내가 나를 대견해하면서 칭찬하는 글을 한 편쯤 남기고 싶은 이 마음도 결국은 욕심으로 남을 것인지 모르겠지만.

아프리카를 여행하고 싶다.
아프리카의 어느 오지쯤에서 커피나무에서 직접 딴 빨간 커피 열매를 손수 껍질을 벗겨 씻어 말려서 투박한 팬에 담아 장작불에다가 고소한 향기가 날 때까지 볶아 절구에 찧고 그들이 마시는 대로 정감어린 주전자에 끓여 보자기에 내려 만든 커피 한 잔을 마시고 싶다. 그리 위생적으로 보이지 않아도 무슨 상관이 있으리. 그 진한 커피 향기에 취해 나는 저절로 눈을 감을 것이고 부드럽고 감미로운 향기를 한껏 머금을 것이다.
그리고 캐나다의 북부 옐로우나이프에서 신비의 오로라를 보고 싶다. 죽기 전에 하늘을 수놓으며 화려하게 일렁이는 초록, 붉은 빛의 오로라를 볼 수 있다면 행복할 것 같다.
여행은 어디를 가든 설레고 길 위에서 또 다른 나를 만나는 유일한 시간이다.
익숙하지 않은 길 위에서 낯선 나를 만나 대화하고 그 낯선 내가 지금까지의 나를 흔들어 깨워주는 유일한 시간들.

그리고 주위의 내가 사랑하는 사람들과 끝까지 좋은 관계를 유지하고 싶다.

서로 이해하고 사랑하며 앞으로 남은 시간을 그들이 있어 행복하다고 느끼며 살고 싶다. 내 나이 이순답게 내 말보다는 남 이야기에 귀 기울여 주는 그런 사람이 되고 싶다. 이쯤에서는 나를 서서히 내려놓고 내 생각과 다소 차이가 나는 남의 이야기도 기분 좋게 들어주는, 거슬리는 행동과 말도 눈감아 줄 수 있는 사람. 그런 사람이 되고 싶다.

세월은 그냥 흘러가지 않는다. 세월 따라 변해 가는 겉모습은 어쩔 수 없지만 오늘 하루 잘 보낸다는 생각으로 살자.

하루가 30시간쯤이라면, 한 달이 30일보다 많고, 1년이 15달이나 20달쯤 된다고 뭐가 크게 달라질까?

    지금 이 순간이 행복하면 인생 전체가 행복하겠지.
    모든 것에, 모든 사람에게 감사하며.
    지금 이 시간에 감사하자.

60이라는 새로운 출발점에서 난 오늘도 꿈을 꾸며 석 줄의 짧은 일기를 쓴다.

안 해도 될 말, 안 해야 될 말

　말하는 것도 수없는 반복과 연습이 필요한 기술이다. 가끔은 말 잘하는 사람이 부럽고 존경스럽기도 하다. 평소 말이 없는 사람이 어쩌다가 말을 할 경우에는 어김없이 후회스러운 상황이 온다. 말이 많다 보면 누구나 실수를 하기 마련이다.
　말이 많고 적음도 타고 난 성격이다 보니 쉽게 바꾸기는 어려운 일인 것 같다. 세상 모든 것에 정답이 없듯이 어느 쪽이 좋다 나쁘다 쉽게 판단해서는 안 될 일이다. 중요한 것은 꼭 해야 할 말만 하고 살 수는 없지만 말로 상대방에게 상처를 주는 일은 없어야 할 것이다. 하지만 서로 상대방의 성향을 비판하면서 자신을 합리화시키고 싶어 한다.
　내 주장은 강하게 나타내면서 남의 말을 듣지 않으려는 사람, 별 말이 없으면서 남의 말에 귀를 기울이는 사람, 뒤에서 남의 흉만 보기 좋아하는 사람, 영혼 없이 남의 칭찬을 민망할 정도로 지나치게 하는 사람, 세상에는 정말 다양한 사람들이 살고 있다는 생각이 든다.

말이란 한 번 뱉으면 절대 주워 담을 수가 없다. 말에도 때와 장소가 있다. 눈치껏 해야 한다. 책임 없는 말은 엎질러진 물과도 같은 것이어서 아무리 후회를 해도 이미 늦어버린 것이다. 툭 던진 말 한마디가 어떨 때는 죽을 만큼 큰 상처가 되기도 한다. 아니 사람을 죽이기도 한다.

오랜만에 만난 친구가 다이어트에 성공해서 살이 쏙 빠진 모습으로 나타났을 때 대뜸 살 빼니까 늙어 보인다는 말 대신 날씬해져서 예쁘다고 말하면 하는 사람이나 듣는 사람이나 다 기분 좋은 일이 아닐까? 말하는 기술이 부족한 건지 악의 없이 한 말인지는 몰라도 늙어 보인다는 한 마디는 상대방을 적잖이 당황스럽게 한다.

말을 하지 않고 살 수는 없고 꼭 할 말만 하고 살 수도 없는 일이다.

유안진의 「지란지교를 꿈꾸며」를 인용한다.

   밤늦도록 공허한 마음도 마음 놓고 보일 수가 있고 악의 없이
  남의 말을 주고받고 나서도 말이 날까 걱정되지 않는 친구가…

나이 들수록, 친할수록, 가까울수록 말 한마디에 더 신경 쓰인다.

무슨 말을 하고 낄낄거리든 간에 신경 안 써도 되는 허물없는 친구가 있었으면 좋겠다. 남의 흉도 신나게 볼 수 있는, 말을 하고도 후회하지 않아도 될 친구.

그것은 곧 믿음이다.

생김새가 다르듯 본성도 타고 나는 듯하다. 생긴 대로 살되 죽어도 하지 말아야 될 말은 물론, 안 해도 될 말은 하지 않으면서 사는 게 현명하게 사는 방법 중의 하나가 아닐까 생각한다. 말이란 하지 않아서 후회하는 것보다 해서 후회하는 일이 더 많을 것이 분명하기 때문에.

그러면 나는 어디쯤에 속해 있을까? 아니 어느 부류에 속하고 싶을까? 사람이니까 가끔 말에 실수도 하고 살지만, 분명한 것은 어쩌다가 말을 좀 많이 한 것 같은 날은 돌이켜 보면 굉장히 허탈하다. 나는 그렇다.

아직도 찢어진 청바지에 눈이 간다

"언니, 지금 안 입으면 이제 못 입어요."

가는 나이가 아쉬웠던지 하나씩 입어 보자면서 올케가 찢어진 청바지를 사 와서 내밀었다. 비교적 얌전하게 찢어진 게 그래도 충분히 입고 다닐 것 같다.

나이를 잊고 입고 싶었지만 내가 사기에는 뭔가 좀 어색했는데 내 마음을 알고 올케가 딱 맞는 청바지를 사다 주니 고마웠다.

입고 거울에 비춰 보니 그래도 그렇게 밉지는 않은 게 입어 보는 것만으로도 마음이 상쾌하고 순간 젊어지는 느낌이다.

남편에게 봐 달라고 했더니 진심인지는 몰라도 좋다며 이왕 입는 거 좀 더 찢어져도 되겠다고 해 주니 마음이 놓인다.

일단 통과는 했으니 마음 놓고 입어 보려고 한다.

캐주얼 룩을 즐겨 입는 나에게 어떤 옷보다도 손쉽고 편하게 입을 수 있고 이상하게 잘못 입는 것보다 최소한 촌스러워 보이지는 않기 때문에 청바지를 즐겨 입는 편이다.

나만의 착각인지는 몰라도 아직은 청바지가 좋다.

미국 광부들이 입던 옷이든, 노숙자들이 입었던 옷이든, 질겨서 텐트로 사용하던 것이든 문제가 없다. 찢어져도 좋고 그림이 그려져 있어도 아무 상관이 없다.

다른 이한테 굳이 발상의 전환을 구걸할 필요도 없다.

나도 때가 되면 자연히 청바지에서 손을 뗄 날이 오겠지.

오랜 세월 동안 패션의 중심으로 유행 타지 않고 아무 옷에나 잘 어울리고 나이보다 발랄하게 입을 수 있는 옷이 청바지 아니던가.

놈코어의 완성인 스티브 잡스도 헐렁한 티셔츠에 청바지 하나로 평범하지만 평범하지 않은 패션의 선풍을 일으켰다.

돌이켜보면 나의 청바지 사랑은 오래전부터 시작된 것 같다.

대학 때는 젊음의 상징인 양 계절에 관계없이 청바지를 즐겨 입었다.

한창 유행하던 통 나팔 청바지를 맞춰 입고 거리를 쓸고 다녔더니 어느 순간 바지통이 조금씩 좁아졌다.

결혼해서 아이들 업고 안고 다닐 때도 청바지가 최고였다.

그렇게 입곤 하던 것이 습관이 돼 가는 세월은 생각도 하지 않은 채 마땅히 입고 나갈 옷이 없으면 자연히 청바지에 손이 간다.

월요일 아침, 찢어진 청바지를 입고 벗기를 수차례 반복했다. 벌써 여러 번 입고 다녔는데도 학교에 가려니 조금 신경이 쓰인다.
결국 다른 옷으로 갈아입었다.
마침 수업 시간에 찢어진 청바지에 대한 강의가 있었다.
연세 드신 대부분의 분들이 찢어진 청바지에 대해서 부정적인 견해를 많이 가지고 있었다. 입고 갔으면 민망할 뻔했다.
그런데 근엄한 한국의 중장년, 아니 노년의 남자들까지도 청바지를 입고 싶어하는 로망이 있다는 것을 확인했다고 한다.
"사실은 나도 한 번 입고 싶었어."라고 고백하기도 한다고 했다.
마음으로는 입고 싶으면서 남의 눈, 나이 생각으로 주저하고 있다는 결론이다.
빛나는 젊음이 없으면 감히 누구도 찢어진 청바지는 입지 못한다고 했다지만 젊은이들만 찢어진 청바지를 입을 수 있다는 고정관념이 이해가 가지 않는다.
나이만 잊어버리면 마음만큼은 젊은이 못지않은 젊음이 누구에게나 빛난다.

잃어버린 젊음을 찾고 싶으면 자신감을 가지고 그냥 입으면 된다. 젊게 사는 게 트렌드인 세상이다.

입는 순간 마음도 젊어지고 남녀노소를 막론하고 다 어울리는 옷이 청바지다.

그러다가 슬프게도 정말 이제는 아니다 싶은 날이 오면 누가 뭐라고 하지 않아도 내 스스로 청바지를 졸업할 것이다.

*놈코어: normal+hardcore의 합성어. 평범함 속에서 평범하지 않음을 추구하는 것.

올해도 잔인한 봄

　이 봄도 어김없이 뒷걸음질치고 있다.
　따뜻해지던 날씨가 갑자기 영하의 겨울 날씨로 돌변해 버렸다.
　이제는 봄의 생리를 터득한지라 겨울옷을 성급하게 정리하지 않는다. 봄이 추운 이유를 이제 알았기 때문이다.
　겨울옷을 다 치우고 맞이하는 봄에는 항상 추위에 떨었다. 옷만 따뜻해도 봄바람에 떨지 않을 것을 서둘러 봄을 맞고 싶은 마음에 얇은 옷으로 갈아입고 맞이한 꽃샘추위는 뼈까지 녹아드는 고통을 늘 주곤 했다.
　봄은 항상 추웠다.
　난로마저 꺼진 교실에서 차디찬 도시락을 먹으며 오들오들 떨던 어린 시절의 봄도 추웠고 뿌연 황사가 뒤덮였던 캠퍼스의 봄은 왜 그리도 춥던지. 그리고 세차게 불어대던 바람도 더 이상 봄을 기다리지 않게 만들어버렸다.

또 다시 맞이한 봄이 추워서 잔인한 것만은 아니었다.
늙어가는 것도 서러운데 나이 드는 것을 이렇게도 절실히 느끼게 하는 좋지 않은 우울한 소식만 들린다. 주위의 가까운 이들이 몇 명이나 좋지 않은 병에 걸렸다는 소식을 한꺼번에 전해 듣고 한동안 우울감에 빠졌다. 내가 나이 들었다는 증거다.
점점 자신감과 용기가 없어진다. 봄은 더 이상 희망의 계절이 아님을….

대상포진에 걸렸다.
2, 3일 전부터 한쪽 배와 등쪽에 통증이 있더니 등 아랫부분에 벌레에 물린 듯한 자국이 몇 개가 생겼다. 정확하게 어디가 아픈지도 분간이 안 되지만 뼈근하고 기분 나쁜 통증이 참을 수가 없을 정도로 심하다.
주위에서 대상포진 때문에 고생하는 이들을 여럿 봐서 작년 봄에 거금을 주고 예방 접종까지 한 터라 의심조차 하지 않았다. 며칠이 지나도 줄어들지 않은 통증에 병원에 갔더니 단번에 대상포진이라고 한다. 접종을 해도 완전히 예방은 안 되고 통증이 좀 덜할 뿐이라고 한다.

이것저것 스트레스를 많이 받고 면역이 많이 떨어지는 우리 나이에 신경을 통해서 생기는 바이러스이기 때문에 초기에 치료를 잘 하지 않으면 위험해질 수 있는 무서운 병이라고 한다.

삶 자체가 온통 스트레스이고 나이는 어쩔 수 없는지 새삼 매사에 겁이 나고 자신이 없다.

예방주사도 맞았으니 그래도 쉽게 지나갈 거라고 안심을 시켜주지만 손톱 밑의 작은 가시조차도 당사자는 괴로울 뿐이다.

주사와 약 처방에 링거도 한 병 맞았다.

아직도 등이 뻐근하고 스치는 느낌이 남의 살을 만지는 듯 스멀스멀한 기분 나쁜 느낌. 세상에 피해갈 수 있는 건 없는 것인지. 남 하는 건 빼먹지 않고 차례로 하나씩 해 간다.

봄꽃은 지천에 흐드러지게 피어 있던데 마음은 시큰둥하다.

예년 같으면 서둘러 매화며 벚꽃을 놓칠세라 관광버스에 몸을 실은 것도 벌써 여러 차례일 텐데….

그냥 틈만 나면 집에서 뒹굴고 싶다.

그렇게 나다니기 좋아하는 나였건만 이제는 몸도 사리게 되고 나가 돌아다니다가도 어느 순간 집으로 뛰어 들어와 있는 나를 발견한다.

계절은 또 소리 없이 사라질 테지만 나는 지금 최악의 봄을 맞고 있다.

여름, 그 새벽

새벽잠을 설치며 일어난다.

월드컵이 시작된 그날부터 새벽이면 반사적으로 눈이 떠진다. 12년 전 우리나라에서 열렸던 월드컵 이후 축구경기에 열광하게 되었다. 축구경기만큼 희로애락이 고스란히 녹아나는 것도 드물 것 같다. 마치 우리네 인생을 보는 듯하다.

지난 4월 세월호 참사라는 어마어마한 비극을 겪고 아직도 어느 것 하나 실마리를 잡지 못하고 허둥대고 있다. 가장 먼저 소통하며 서로 도와야 할 사람들이 자기 목소리만 내며 자기 공만 세우려고 혈안이 돼 있다. 신뢰는 나락으로 떨어졌고 나라의 위상이 30년 정도는 후퇴한 듯하다.

그동안 공들여서 쌓은 탑이 와르르 무너지는 걸 매시 두 눈으로 확인한다. 아무런 힘이 없음에 가슴에 두 손을 모으는 것만으로 내 마음을 전한다.

　내가 왜 축구 경기에 기를 쓰고 있는지에 잠시 생각해봤다. 목 터지게 소리 지르고 응원해도 누구 하나 알아주지 않지만 그것을 통해 내 메말라가는 가슴을 치유한다. 사람들은 누구나 잠시 스포츠를 통해서 서로 하나가 되며 상처받은 마음을 위로 받고 싶어 했다.

　나도 월드컵에 거는 기대가 은근히 컸다. 그래도 간간이 마음 붙일 곳이 있다는 게 참 다행이다 싶다.

　이번 브라질 월드컵은 시차 때문에 경기가 거의 새벽에 열린다. 새벽이면 눈이 떠져 잠시 뒤척이다가 TV 앞에 앉는다.

　새벽이 오기 전의 밤은 칠흑같이 캄캄하고 고요했다. 경기에 몰입하다 보면 창밖으로 어슴푸레 새벽이 오기 시작한다.

　경기를 볼 때는 응원하는 사람이 많아야 보는 맛이 나고 재미있다. 스포츠 응원에는 치킨과 맥주가 재미이고 필수인데 새벽이라 그 부분이 좀 아쉽다.

　같이 보자고 딸의 식구들을 불러 집에서 재웠다.

　때로는 숨을 죽이며 아슬아슬한 순간에는 아! 하고 탄성을 지르며 한 골 넣을 것 같은 순간에는 자동적으로 소리를 질러댔다.

　그 새벽, 5살 손자도 시끄러운 소리에 깨서 나왔고 잠시 후에는 7개월 된 손녀도 배실배실 웃으면서 기어 나온다.

그 모습에 또 웃음이 터진다.

그렇게 혹시나 하고 새벽마다 잠을 설쳐가며 건 기대는 단 1승도 하지 못한 채 허무하게 끝이 나고 그들은 일찌감치 짐을 싸야만 했다. 자신감, 열정만 가지고는 되지 않는 게 세상사인가 보다. 우승 후보였던 스페인도 이태리도 다 떨어져 나가는 마당인데 조금 위안은 된다.

새벽잠을 설친 탓에 나른해지는 몸을 억지로 추스르며 동네 산책길로 나선다. 비라도 뿌린 날은 싱그러운 아침 향기가 온몸에 퍼져 시원하고 상쾌하다. 나른해진 심신이 녹아나는 듯하다.

새벽길을 걸으면서 아까 그 경기를 생각한다. 세상일은 어느 것 하나도 예측할 수 없다. 우리는 그들이 잘했을 때 칭찬하고 환호하고 열광하는 법은 잘 알고 있다. 그러나 잘못됐을 때, 결과가 좋지 않게 나왔을 때 위로해 주고 격려해 주는 데는 너무나 서툴고 인색하다. 격려해야 할 어린 선수들에게 마치 세상이 끝난 것처럼 윽박지르고 비난하고 원성을 높인다. 다 누구의 탓으로만 돌린다. 마치 죄인처럼 온갖 비난을 받으면서 슬그머니 공항을 빠져나가는 그 어린 선수들을 생각하면 가슴이 짠해 온다.

우승 후보라고 큰소리치던 브라질이 나락으로 추락하는 것을 그 새벽 우리는 보았다. 축구가 그들의 인생이고 살아가는 이유라고 외치던 그들의 교만이, 겸허하지 않은 그들의 자만심이

한방에 무너졌다.

영원한 승자도 패자도 세상에는 없으며, 또 패자가 있어야만 승자도 있는 법이다. 지구는 둥글고 세상은 돌고 도니까.

가장 잔인한 순간이 승부차기다. 우리네 인생도 승부차기처럼 잔인한 순간이 수없이 존재하리라.

그 숨 막히는 순간을 눈을 가리고 지켜봐야 했던, 어쨌든 승부를 가려야 하는 게 인생이라면 그 공을 차는 이도, 날아오는 공을 막기 위해 서 있는 선수도, 그 순간을 지켜봐야만 하는 관중들조차도 잔인했던 순간이다.

어쨌든 지난여름 기다림도 있었고 재미있었다.

운동화 끈을 묶고 새벽을 가르며 또 집을 나선다.

여전히 여름날의 새벽은 자유롭고 상큼하다. 산책길에 하얗게 덮인 개망초꽃이 아침을 부른다. 아침햇살을 받아 반짝이는 그 꽃이 때마침 불어오는 바람에 살랑거린다. 내친 김에 검색했더니 개망초의 꽃말이 '나는 벌써 당신을 잊었어요.'라고 적혀 있다. 꽃말처럼 무심한 듯 초연하게 어우러져 있다.

그때 바람에 실려오는 카톡소리. 요즘 가장 많은 사랑을 받으며 자주 읽히는 정호승 님의 따뜻한 글귀 하나.

> 먼 데서 바람 불어와 풍경소리 들리면
> 보고 싶은 내 마음이 찾아간 줄 알아라.

새벽이 아름답다.

국화꽃 한 다발을 안고

　해마다 가을이면 국화꽃을 한 다발씩 사곤 했습니다.
　소박한 듯 정겨운 국화꽃에 눈길이 가 집안에 꽂아 놓았더니 은은한 향기가 무서리가 내릴 때까지 남아 있었습니다. 빨리 시드는 다른 꽃에 비해 한 달 가까이 두고 볼 수 있어 연중행사처럼 1년에 한 번 국화꽃을 샀습니다.
　무심결에 바라보고 있으면 간절한 그리움 같은 것이 나를 아득한 추억의 한 순간으로 데려가기도 합니다.
　어느 해부터 친구가 늦가을인 내 생일에 맞춰 국화꽃을 한 다발씩 선물하기 시작했습니다. 눈치 빠른 그녀는 내가 이 때 쯤이면 국화꽃을 한 다발씩 산다는 걸 알았나 봅니다.
　배달을 시키지도 않고 직접 갖다 주지도 않습니다. 우리 동네 꽃집에 맞춰놓고는 나보고 찾아가라는 것입니다.

언젠가 내가 "꽃은 집에 꽂아놓았을 때보다 한 아름의 꽃을 가슴에 안고 집까지 걸어 올 때의 그 기분이 더 흐뭇하고 행복해. 커피도 마실 때보다 마시기 전 향기가 더 설레고 끌리는 것처럼 말이야."라고 했던 말을 흘려듣지 않고 기억하고 있었나 봅니다. 때로 감정의 사치가 심한 나를 잘 이해하는 그녀입니다.

오늘도 나를 닮았다는 국화꽃 한 다발을 선물 받았습니다. 내 생일인가 봅니다.

꽃집으로 꽃다발을 찾으러 나갔습니다. 이번에는 자주색, 보라색 톤의 국화가 한 아름 내게 안겨졌습니다.

국화꽃 향기를 가슴에서 조금이라도 더 느끼고 싶어 천천히, 아주 천천히 걸었습니다. 코끝에 와 닿는 향기와 늦가을의 신선한 공기가 어우러져 잠시 휘청거렸습니다. 그 여운을 조금이라도 더 즐기기 위해 집 앞 벤치에 앉았습니다. 지나가는 사람들이 부러운 듯 힐끔거립니다.

가을을 닮은 갈색 화병에 옮겨 담으면서 다시 찾아올 가을을 성급하게 기다려보기도 합니다.

한 다발의 국화꽃으로 가는 가을이 그래도 덜 쓸쓸할 것 같습니다. 여름이 무더우면 무서리가 일찍 내린다는데 곧 또 겨울이 오겠죠.

그녀의 세심한 배려가 고맙습니다. 산다는 게, 세상이 정말 아름다운 것임을 진정으로 느낍니다. 내가 고마워하면 주는 기쁨이 더 크다는 그녀입니다. 내가 행복해 하면 더 큰 보람을 느낀다는 그녀입니다. 마음이 불행하면 아무리 좋은 걸 가져도 소중함을 모르겠죠. 마음만은 언제나 훈훈하고 부자인 그녀, 작은 기쁨에 행복해 하는 꾸밈없는 소박한 진실. 국화꽃의 은은하고 고운 향기는 오히려 당신을 닮았네요.

감이 붉어지는 계절

커다란 홍시 다섯 개가 접시에 담겨져 있다.

남편은 누런 종이봉투에 담은 감을 숨기듯 가져와서 나에게는 아무런 말도 없이 피아노 위에 올려놓았다.

며칠이 지나자 감은 먹기 좋게 익어갔다. 남편은 감을 바라만 볼 뿐 덥석 먹지도 못하고 어머니가 오실 날만 애타게 기다렸다. 그러나 오신다던 어머니는 딸네로 가시더니 거기가 편한지 기별도 없고 아들은 어머니가 홍시를 맛있게 드시는 모습을 보고 싶은 생각에 속이 타 들어가는 듯했다.

시어머니는 달달하고 물렁한 홍시를 무척 좋아하셨다.

열흘 이상을 붉게 익은 감은 피아노 위에서 정물화처럼 그 자리를 지켰다.

남편은 익어가는 홍시를 보며 답답한 마음에 침만 꼴딱꼴딱

삼켰고 빈 말이라도 나한테는 먹어 보라 하지 않았다. 어머니를 생각하는 남편의 마음을 훤히 꿰뚫었지만 나는 야속한 마음이 앞서 그냥 모른 척했다. 낮에 혼자 있으면서도 문득 생각나면 그 앞에 서서 하루에도 몇 번씩 손가락으로 찔러만 보는 걸로 먹고 싶은 마음을 대신했다.

또 며칠이 지나 갔다. 어머니는 오시지 않았다.

속이 다 보일 정도로 투명하게 익었던 감은 검붉다 못해 시커멓게 변해 가고 나중에는 점점 주저앉아 형체를 거의 잃어버릴 정도였다. 급기야는 시큼한 냄새까지 방안에 진동하던 그 해 겨울, 어머니가 감을 맛있게 드시는 모습을 보고 싶었던 남편의 절절함에도 피아노 위에 올려져있던 다섯 개의 감은 결국 식초가 된 채 쓰레기통으로 들어가고 말았다.

벌써 30년도 전의 일이라 거의 잊고 살아왔는데 나이가 들긴 들었는지 사느라 까맣게 잊었던 기억들이 느닷없이 튀어나온다.

하늘을 감동시킨 효자는 아니지만 남편의 그 효심 때문에 나는 매번 투명인간처럼 없는 사람이었고 이런 저런 일로 내가 할 일을 빼앗겨버린 듯한 마음에 적잖이 가슴앓이를 하고 산 세월이 있었다.

늘 자신의 생각이 최선이라고 믿는 남편의 효도 방식이 가끔은 힘에 벅차고 답답하기만 했다.

감이 붉어지는 계절이다.

대봉 감 한 박스를 주문했다. 어머니를 닮아 홍시를 좋아하는 남편을 위한 몇 안 되는 배려 중 하나다.

종이 박스에 신문지를 깔고 그 위를 덮고 신주 모시듯 한 쪽에 자리를 잡았다. 조급한 마음에 수시로 들여다본다.

급한 마음을 가져도 안 되고 깜빡 하고 때를 놓치면 홍시는 또 주르르 눈물을 흘리고 만다. 탐스럽고 투명한 홍시를 보며 다시 자연의 오묘한 섭리를 배운다.

사람도 외로움의 시간을 건너야 비로소 성숙하는 것처럼 인내심을 가지고 기다려야 제 맛이 나는 홍시. 기다림 끝에 완성되는 홍시를 보며 날마다 욕심으로 채워지는 자신을 비운다.

하나, 둘씩 익어가는 홍시를 곶감 빼 먹듯 골라 먹는 것을 즐기는 남편이다. 아마도 남편은 잘 익은 홍시를 먹으며 생전의 어머니 생각도 하고 그때의 아쉬움도 달랠 것이다.

창밖 감나무 꼭대기에 이제 까치밥으로 감이 서너 개 걸려 있다. 남겨진 감은 한겨울이 지나도록 앙상한 가지에 대롱대롱 매달려 겨우내 까치들의 놀이터가 될 것이다.

감빛이 늦가을 볕에 붉다.

길 건너 별다방

 아침마다 운동을 하기 위해 그곳을 지나간다. 이른 아침이건만 사람들이 옹기종기 모여 앉아 있다. 혼자 여유롭게 신문이나 책을 읽는 모습도 보이고 둘, 셋씩 모여 앉아 담소를 즐기는 모습도 보인다. 그들이 커피를 들이킬 때마다 진한 향기가 내 코를 간질이는 듯하다.
 나도 아침 일찍 그 문을 열고 들어서고 싶다.
 할 일없이 누군가와 마주 앉아, 아님 창가에 앉아 오고 가는 사람들이라도 구경하면서 진한 커피 향기에 취하고 싶다.
 긴 겨울을 보내면서 예전에 없이 몸도 마음도 지쳐가면서 우울하고 힘들었다. 나는 그 자리에 그대로 서 있는데 누군가가 차례로 나를 할퀴고 괴롭히는 느낌이었다.
 남편과의 다툼도 요즘 들어 잦아졌다. 서로 내가 잘했노라고 상대방을 상처 내고 가슴에 대못 박는 일에 너무나도 익숙해졌다. 따지고 보면 정말 사소한 일임에도 불구하고 이제는 서로 참지 못하고 목청을 높인다. 몸이 여기저기 아프니 예민해지는 신경 탓에 나만 억울하고 분한 생각이 든다. 꼭꼭 눌러두었던 감정이 최고치에 달한다. 뭐라도 하나 집어 던져 부수고 싶은 마음에 사방을 휘둘러보기도 한다. 왜 평생 마음은 굴뚝같으면서 속 시원하게 욕이라도 내뱉고 뭐 하나 집어 던지지 못하고 살았을까? 나답지 못하다는 말이 듣기 싫어서 모든 것을 억누르고 속이 새까맣게 타들어 가도록 가슴앓이를 한 세월이 억울하기만 하다. 억울한 마음을 받아 주고 내 말을 들어 줄 그야말로 내 편이 한 명도 없다는 사실에 또 다시 좌절한다.

  시집 간 딸에게 하소연을 해 봤자 매번 건성으로 들어 넘기는 통에 스트레스만 더 쌓인다. 남편과 아이 뒷바라지에 직장 스트레스까지 감당하려면 이 엄마까지 뒤돌아 볼 여력이 없겠지. 항상 내 곁에서 온갖 방패막이가 되고 내 하소연도 들어 주며, 내가 믿고 의지하던 속 깊은 아이였는데…. 이렇게 외로울 수도 있음을 실감한다. 위로받으려다가 상처만 더해지는 것이다. 사람이기 이전에 아직은 사랑받고 대접받으며 살고 싶은 엄마이고 여자인데.

  서늘해지는 가슴을 어쩌지 못한다. 게다가 엄마 밖에 모르던 아들도 결혼하는 순간부터 이미 사돈의 팔촌, 그냥 동포라 생각해야 된다니 아예 거기다 대고 무슨 할 말이 있을까.
 친구에게 전화를 한다. 아침 일찍 별다방에서 브런치 타임이 어떠냐고 묻는다.
 일어나자마자 나왔다며 부스스한 모습의 그녀가 새삼 반갑다. 로또 맞은 기분이다. 이른 아침 시간에 내가 불러서 뛰어 나올 수 있는 친구가 있다는 것에 행복하다. 친구와의 관계도 무한한 노력이다. 남편도 자식도 해 줄 수 없는 일을 친구와 즐기고 있다. 그래, 나이 들수록 여자에게 필요한 것은 친구, 돈, 딸, 건강 등이라고 한다. 아무리 눈 씻고 봐도 항목 중에 남편은 없다. 남편은 이런 존재인가? 부부는 결국 이런 관계인가? 공허하다.
 친구는 가족과 공유할 수 없는 것을 누릴 수 있어 소중하다. 좀은 객관적인 관점에서 모든 걸 말할 수 있고 또 서로 위로받을 수 있어 좋다. 도심에서 내가 누릴 수 있는 최대의 시간이다. 창가에 앉아 지나가는 사람들을 구경한다. 출근 시간이라 모두들 바쁘게 움직이는 가운데서 누리는 그 여유, 멀리 공원의 나무들은 파란 물이 조금씩 오르고 성급한 꽃들은 꽃망울을 터트릴 준비를 하고 있는 듯하다. 누군가 지금의 내 모습을 보고 사치스럽다 생각해도 상관없다. 진한 커피 한 잔에 토스트 몇 조각. 그 작은 사치가 나에게 얼마나 큰 위로가 되는지는 남편도 아이들도 모를 것이다. 적어도 며칠은 겨울 내내 우울하고 억눌려 있던 내 마음에도 한 줄기 봄이 찾아와 줄 것 같다.

흉보면서 닮는다

"너는 도대체 뭘 먹고 사니? 싱크대가 이게 뭐야? 냉장고는 또… 빨래는 이렇게 해라."

엄마의 잔소리는 내가 결혼을 해도, 두 아이의 엄마가 됐어도 더했으면 더했지 줄어들 줄 몰랐다. 어쩌다가 한 번씩 딸의 집을 방문하면 천지가 눈에 거슬리는 것 밖에 없으신가 보다. 이제는 엄마 밑에 종속돼 있는 애도 아닌데, 버젓이 결혼도 하고 아이가 둘 딸린 애엄마일 뿐 아니라 세상의 삶에는 자기 나름의 법칙이 있다는 생각에 그 시간을 참기 어려워했다. 시집을 가버리면 엄마의 잔소리에서 좀은 해방 되려나 싶은 마음에 후딱 결혼해 버린 것도 한 가지 이유는 될 듯싶다.

남편의 이래라 저래라 하는 잔소리도 끔찍하게 싫었다. 내가 우리 엄마 잔소리 듣기 싫어 당신한테 시집 온 사람이니 잔소리는 좀 하지 말아 달라고 엄포를 놓기도 했다. 친정엄마와 딸 관계에서는 예의는 이미 실종 돼 버렸다. 하고 싶은 말은 다 내뱉고 싶은 마음인가 보다. 전화를 해도 당신이 하고 싶은 이야기만 봇물 터지듯 쏟아놓고는 툭 끊어 버리고 만다. 그때의 아찔하고 황당한 마음은 무엇으로 표현할까? 나한테 밖에 신세 한탄할 곳이 또 있을까하고 이해하기도 했다. 시어머니와의 관계에 있어서는 중간에 체면이나 도리라는 게 버티고 있어 항상 예의를 지키려고 노력하고 그렇게 함부로 하지는 못한다. 냉장고를 열어 보고 잔소리도 하지 않았고 반찬이 짜든 싱겁든 서로 묵인하고 넘어가는 관계였지만 친정엄마와 딸의 관계는 그렇지가 않다.

되짚어 보면 사랑의 표현이고 좀 더 딸의 완벽함을 바라는 욕심이었을 것이다. 그러나 난 나름대로 힘이 들었다. 엄마만 오셨다 가시면 입술이 부르트는 건 기본이었고 며칠 몸살을 해대어야 했다. 난 내 딸에게 절대 잔소리는 안 하리라 굳게 마음먹었고 내 나름대로 하고 싶은 말 다하지 못하고 꼴깍 꼴깍 침만 삼키며 그렇게 내 인내를 시험하며 잘 버텨왔다. 그런데 웬걸 딸이 결혼을 하고 저 나름대로 가정을 꾸밀 때쯤 내 눈에 보이는 것은 어느 하나 마음에 드는 구석이 없었다. 여기도 저기도 한숨 밖에 나오지 않았다.

잔소리도 습관이다. 한 번 한 잔소리는 두 번이 되고 세 번이 되고 계속 되풀이되는 것이었다. 내가 예전에 엄마의 잔소리에 그토록 진저리를 쳤음에도 난 지금 그때의 엄마가 하시던 말을 똑같이 흉내 내며 그렇게 딸을 지겹게 하고 있는 것 같다. 내 딸도 그때의 나처럼 지겨움에 치를 떨지도 모른다. 급기야는 엄마가 저의 집에 오는 걸 싫어할지도 모를 일이다. 차라리 안 보는 게 상책이다.

어릴 적 엄마와 아버지가 싸우시는 모습을 가끔 보았다. 부부 싸움 끝에 엄마는 꼭 우리들에게 아버지와 잘 살라는 말을 하며 집을 나가시겠다고 하셨다. 그게 싸움 끝에 할 수 있는 최후의 선택이었을까. 나와 내 동생들은 엄마가 정말로 집을 나가시면 어쩌나 하는 불안에 떨 수밖에 없었다. 아버지를 겁주려고 한 거였지만 그것도 습관인지 매번 싸우시기만 하면 보따리 싸서 집을 나가시겠다고 했다. 평소에도 너희들만 다 키우면 나는 어디로 간다는 둥, 시집, 장가 다 보내고 나면 아버지와 이혼하겠다는 둥 취미처럼 그 소리를 달고 사셨다.
흉보면서 닮는다고 나도 심심찮게 아이들에게, 아님 남편에게 바로 대놓고 엄포를 놓았다. 아이들 대학만 졸업하면 헤어지자고 했고 아이들이 막상 졸업하니 결혼이나 시키고 하자 싶었다. 결혼을 하니 손주들이 생기고 손주 돌잔치나 본 다음에 해야 되겠다는 둥 옛날 엄마가 하던 것을 그대로 흉내내고 있다.

 엄마는 아버지가 돌아가실 때까지 집을 못 떠나고 아버지 곁을 지키셨고 10여 년 전에 아버지는 돌아가셨다. 하지만 아직까지 아버지의 그늘에서 벗어나지 못하는 엄마를 보면 그것도 사랑의 다른 표현이었으리라는 생각이 든다. 지금은 연세가 많아져 딸네 집을 쉽게 오시지도 못하니 잔소리 들을 일도 별로 없다. 그 잔소리들도 그리움 되어 가슴에 사무칠 날이 오겠지.

 흉보면서 닮는다고 내 딸도 내 전철을 밟게 될까 걱정이다.

내 인생의 4월은

　대학 시절, 해마다 4월이면 한 차례씩 가방을 쌌다.
　왜 하필 4월이었을까? 또 다시 마음을 다독거리며 잘해 보자고 자신에게 수없이 다짐하며 맞이한 3월은, 새학기다 뭐다 어수선했던 3월은 얼렁뚱땅 넘길 만했다. 그놈의 고질병은 4월이면 어김없이 찾아와 나를 혼란에 빠지게 했다. 부모님께 한 번만 더 기회를 주시면 절대 실망시키지 않겠노라는 쪽지 한 장만 남겨놓고 야반도주라도 할 요량으로 눈물 콧물 다 빼가며 보이지도 못할 편지를 숱하게 썼다. 그러나 4년의 대학생활은 1년에 한 번씩 연중행사처럼 가방만 쌌다 푸는 모노드라마로 암울하게 끝났다.
　학교 다니기가 너무도 싫었다. 처음부터 몸에 맞지 않는 옷이었다. 지방대라는 것도 너무 싫고 게다가 전공도 적성에 맞지 않았다. 국문과나 영문과라면 몰라도 화학이 뭐야? 화학이…. 수업 시간에 멍하니 창밖만 내다보거나 다른 책을 꺼내 읽는 것은 다반사였고 실험 시간에는 슬쩍 도망 나와서 잔디밭에서 뒹굴든지 아니면 다방 구석에 박혀 있는 게 내 모습이었다. 그러다 보니 자연히 보따리 싸서 뛸 연구를 할 수밖에 없었다.

  몇 달만 빡세게 공부하면 서울의 대학에 가서 시험에 붙을 것만 같았다. 더 이상 아버지한테서 받은 참고서 값으로 소설책을 사러 달려간다거나 딴짓 하느라 시간을 허비하는 일도 없을 것이다. 그러나 밤새 꿈만 꾸다가 아침이 되면 아무것도 할 수 없었던 우유부단함의 연속. 항상 나 자신한테 떳떳하지 못하고 용서도 안 되는 자존심에도 불구하고 그것을 포장하는 일에 점점 능숙하게 되었고 만일에 모를 실패의 반복도 두려웠던 것이다.

  4월의 캠퍼스는 뿌연 황사와 뒤엉켜 뭔지 모르게 정체된 느낌, 도무지 정이 안 가는 곳, 봄이지만 봄이 오지 않은 곳, 항상 낯설고 시린 그런 곳이었다.

  4월에는 똑같은 악몽을 자주 꾼다. 시험공부는 반도 못 하고 시험 보러 가는 꿈, 아무것도 못 적었는데 끝나는 종이 울려 안타까워하던 꿈, 시험에서 떨어지는 꿈, 아직까지도 시험의 굴레에서 헤어나지 못하고 허덕이다 깨어보면 어떤 날 아침에는 손바닥에 땀이 잔뜩 고여 있기도 하다. 내 인생에서 대학 4년은 지워버리기로 한 적도 있었다. 그러나 다시 세월을 되돌릴 수 있다면, 다시 살아보고 싶은 시절이 있다면 그 4년만은 다시 찾고 싶은 이 아이러니. 그것이 잘못 끼워진 첫 단추 때문이었다 하더라도 지금 같으면 그냥 입고 다니지는 않았을 것이다. 지독한 미련과 후회가 몰려온다. 치열하게 공부하고 열정적으로 사랑하고 우정이든 사랑이든 전부 다 잘 할 수 있을 것 같은 아까운 내 젊은 날. 세월이 지나면 작아질 줄 알았던 욕망과 미련은 죽을 때까지도 없어지지 않으려나?

"학교 어디 나왔어요?"

"그냥…."

"……."

제기랄, 어이가 없다. 세상 천지에 '그냥'이라는 학교도 있단 말인가? 왜 이다지도 말하기가 죽기보다 싫은 것일까? 그때 누구라도 흔들리는 나의 마음을 읽고 방향을 제시해 주었더라면 필사적으로 야반도주라도 하는 건데.

4월은 내내 허탈하고 허기가 진다.

목에 가시가 걸린 것처럼 답답하고 뭔가 풀 수 없는 숙제를 가슴에 안고 있는 것 같은 달.

진한 커피를 마셔야 하고, 가방 속에서 초콜릿을 찾아 물고, 빵집을 기웃거리면서 단팥빵을 사 든다. 입이 달달하면 가슴속의 휑한 허기가 조금은 가실 것 같다. 죽은 땅에서 라일락을 키워내야 하기에 내 인생의 4월은 아직도 잔인한 계절이다.

바라나시로 가는 열차

 열차에서 인도 청년 '아질'을 만난 건 잊을 수 없는 행운이었다. 만약에 그 청년을 만나지 않았더라면 14시간의 길고도 아득한 밤을 어떡했을까.
 델리에서 바라나시로 가기 위해 기차역으로 가는 길은 숨도 제대로 쉴 수 없을 만큼 심한 먼지로 뒤덮여 있었다. 지저분하고 열악한 도시는 지는 햇살에 반사돼 더욱더 숨이 막혔다. 쓰레기더미와 온갖 배설물, 초롱초롱한 눈망울로 달려드는 가난한 아이들을 이리저리 헤치고 열차 앞에 다가섰다. 그 순간 눈앞이 캄캄했다. 전쟁을 겪지는 않았지만 피난민을 실은 열차가 저랬나 싶을 정도로 곁에서 본 기차의 모습은 열악했고 말로 표현하기도 힘들 정도였다. 순간 이번 여행 중 처음으로 아, 잘못 왔구나 하는 후회가 밀려왔다. 하지만 그 상황에서 우리가 선택해야 될 것은 아무것도 없었기에 우리는 차례를 기다려 기차에 올라야만 했다.

다행히도 밖에서 본 것보다는 기차 안은 아늑하고 에어컨도 시원하게 나왔고 조용하고 온화한 인도 사람들에 일단 안심이 됐다. 6명이 잘 수 있는 한 칸에 우리 셋과 인도 청년 두 사람 인도 여인 한 사람이 같이 가게 되었다. 1, 2, 3층으로 간이침대가 매달려 있는 열차의 1층에 우선 여섯 명이 옹기종기 모여 앉았다. 밤 9시까지는 그렇게 앉아 있다가 잠잘 때 간이침대를 펴서 각자 제 자리로 돌아가서 자면 된다. 그럼에도 인도 청년 하나는 일찌감치 사다리를 타고 3층 자기 자리로 올라가 노트북을 놀이 삼아 자기 시간을 즐긴다. 앞에 앉은 인도 여인은 우리를 경계하는 눈빛으로 무표정하게 앉아있다. 내 옆 자리에 앉은 청년을 찬찬히 살펴보았다. 30대 중반쯤으로 보이는 청년이 온화한 눈빛만큼이나 친절하고 자상한 심성으로 우리들을 안심시켜 주었다. 이름이 '아질'이라고 소개했다.

꼭 말을 유창하게 해야 마음이 통하는 것은 아니다. 아질과 우리는 서툰 영어로나마 시간 가는 줄 모르고 많은 이야기를 했고 한국은 알지만 한국 사람을 만난 것은 처음이라고 말하며 미지의 도시 바라나시에 대해서도 많은 이야기를 들려주었다. 즐겁고 유쾌하게 웃고 떠들기를 계속하다 보니 금방 아질과 친해졌다. 수다 떠는 사람들의 목소리와 짜이를 외치는 상인들의 목소리가 한데 어울려 미묘한 운치를 준다. 아질은 지나가는 상인에게 인도 전통차인 짜이 티를 사서 마시라고 권한다. 주저하고 있는 우리에게 'fou you'를 연발하며 피로도 풀리고 머리도 맑아질 것이니 안심하고 마시라고 한다. 호의를 무시 할 수는 없어서 홍차 맛이 나는 짜이티 한 잔을 홀짝홀짝 얻어 마셨다. 아질이 사 준 그 달콤한 짜이 맛도 인도를 기억하게 해주는 좋은 추억이 될 것 같다. 저녁 식사 시간이 됐다. 우리는 준비해 간 햄버거를 내놓으며 먹어보라고 권했지만 채식주의자라며 고기 든 햄버거는 사양했고 그가 싸 온 도시락을 펼쳤다. 인도 전통 음식인 밀가루를 부쳐 만든 짜파티와 그 안에 넣어 먹을 야채가 얌전히 담겨 있었다. 아질은 짜파티 한 장에다 손으로 양념을 넣어 싸서 또 먹어보라고 권했다. 사양하는 우리들에게 맛있을 거라며 적극 권했고 우리는 아질의 정성과 함께 그것을 맛있게 먹었다. 그리고는 가방 속에서 과자 한 봉지를 꺼낸다. 처음 보는 과자라 쉽게 손이 가지 않아 주저하고 있는 우리에게 봉지에 적혀 있는 상표를 가리키며 인도에서 유명한 회사의 과자니까 안심하고 먹어 보라고 수차례 권한다. 그의 뒷모습까지는 생각하지 않기로 했다. 지금 우리 눈앞에 보이는 아질의 순수성과 온화한 미소, 조용조용한 친절함을 그대로 받아들이면 된다. 여행 중에서 이런 만남을 가질 수 있다는 것은 커다란 행운이니까. 그것도 머나 먼 나라 인도의 한 열차에서….

  웃고 떠드는 동안 밤은 깊어지고 눈꺼풀도 슬슬 내려오기 시작했다. 친절한 아질은 우리의 잠자리까지 봐 주면서 시트도 손수 깔아 주었다. 서로 잘 자고 아침에 다시 만나자라는 말을 남기고 친구들은 1층, 나와 아질은 2, 3층으로 사다리를 타고 올라갔다

  낯선 자리 때문인지 눈을 감아도 잠이 오지 않는다. 피곤해서 눈은 뻑뻑한데 도무지 깊은 잠이 들 것 같지 않다. 어쩌다가 비몽사몽 잠깐 잠이 들었나 보다. 또 다시 시끌시끌한 소리가 들린다. 우리의 목적지 바로 앞 역에서 내릴 인도 여인을 친절한 아질이 깨운다. 미리 그에게 내릴 역을 말해 두고 깨워 달라고 했나 보다. 자다 놀란 그 여인이 사다리를 타고 내려오더니 한 바탕 소동이 벌어졌다. 신발 한 짝이 없어졌다는 것이다. 아무래도 간밤에 왔다 갔다 하는 사람들의 발에 채여 어디로 사라진 것 같다. 우리 모두는 구석구석 그 여인의 신발을 찾았지만 결국 찾지 못해 그 여인은 낙심해 있고 내릴 역은 점점 가까워졌다. 나는 트렁크를 열어 내 슬리퍼를 꺼내 주면서 신고 가라고 했다. 별로 좋은 것도 아니고 신던 신발이지만 진심으로 그녀에게 주고 싶었다. 처음부터 우리를 경계하는 눈빛

으로 앉아 있던 그녀는 신발을 받으면서도 그냥 무표정했고 오히려 아질이 더 고마워하며 감사의 눈빛을 보냈다. 겉으로는 무표정했던 그녀도 그 신발을 신을 때마다 주위 사람들에게 이야기 할 것이고 열차 안에서 만난 한국 사람들을 좋은 기억으로 떠올리겠지.

이메일 주소와 전화번호들을 주고받았다. 지금까지의 경험으로 그게 아무 의미가 없다는 것쯤은 잘 알지만 그래도 간혹 인도에서의 추억을 떠올리고 어쩌다 열차 안에서의 그 청년이 생각날 때 이메일을 들춰보게 될지는 모를 일이다.

이처럼 여행은 낯선 곳에서 예기치 않던 일이 생기고 아름답고 순박한 사람들을 만날 수 있어 참 행복한 것이다. 이질감이 금세 친근감으로 변하는 것. 14시간의 그 막막함도 이런 아름다움으로 승화될 수 있는 것이기에 그 매력을 어찌하지 못해 반복되는 일상이 무료해질 때쯤이면 중독처럼 가방을 꾸린다.

막 떠오르는 붉은 해를 함께 바라보면서 인도에서의 지금 삶이 행복하냐고 물었다. 그는 고개를 끄덕이며 "Be happy, Make happy."라고 힘주어 말했다. 좋은 사람들을 만나 행복했다며 오랫동안 잊지 않겠다는 말을 남기고 새벽 속으로 사라졌다.

삶과 죽음이 공존하는 곳

 삶에 정답은 없다. 저마다 주어진 삶을 묵묵히 살아갈 뿐이다. 이번 여행에서 우리가 본 바라나시의 참혹한 삶도 우리네 눈에 그렇게 보일 뿐이지 그런 삶에 길들여진 그들은 자신들이 불행하다는 생각도 하지 않고 다른 세상을 보지 못했기 때문에 더 이상 물질적인 부를 갈망하지도 않는 듯하다. 다만 지금의 삶을 신이 내린 운명으로 받아들이고 오늘도 내일도 그들은 그렇게 살아간다. 더럽고 복잡한 골목길에서 가난하게 사는 사람들. 낯선 여행자에게는 검은 공기와 먼지 가득한 그 골목길이 불편하고 생소하지만 삶의 장소인 그들에게는 그곳이 천국일지도 모를 일이다. 종교적인 느낌이 너무나 강렬한 도시, 오직 종교를 위해 살고 있는 듯한 사람들의 믿을 수 없을 정도로 강한 신앙심. 죽음이 우리가 생각하는 것과 다르기에 그들은 죽음 앞에서 슬퍼하거나 울지 않는다. 그것이 끝이 아니라 또 다른 삶의 시작이라고 믿으며 윤회의 사슬을 끊고 오직 해탈을 위해 살아가고 있다.

문득 바라나시의 삶 속에서 나를 발견한다. 어쩜 나도 저들 중의 한 사람이었을 수도 있다는 생각이 내 머리를 스친다. 본질적으로 생각하면 우리의 삶과 그들의 삶이 무슨 차이가 있을까.

고요한 아침을 뚫고 붉은 해가 떠오른다. 인도인들의 영혼이 담긴 갠지스가 내려다보이는 일출 풍경은 성스럽기까지 하다. 마치 수많은 영혼들을 위로하는 듯한 느낌. 바라나시의 아침은 그렇게 시작된다. 가장 인도적인 풍경을 담고 있으며 역사나 전설보다 더 오래된 도시. 성스러운 갠지스강이 흐르는 이곳 바라나시에는 이른 새벽에도 사람들이 꽤 많이 있었다. 아침 일찍부터 나와 기도를 드리고 성스러운 의식으로 하루를 시작하는 이들. 갠지스강은 살아있는 사람에게나 죽은 사람에게나 간절한 염원이 담긴 곳이 아닌가 싶다. 이른 아침부터 갠지스강에 머리를 감고 목욕을 하기 위해 사람들이 뛰어 든다. 누가 얼마나 더 많이 갠지스강에 몸을 담그느냐에 따라 그들의 염원이 가까워진다고 생각하는 것 같았다. 그 더러워 보이는 강물이 그들에게는 자신의 삶이 오롯이 담겨있는 황금빛 물결로 보여지리라.

지난 밤 강 위에 어둠이 내릴 때쯤 해탈에 이르기 위한 순례자들의 힌두교 의식을 지켜보기 위해 배를 탔다. 한 쪽에서는 해탈을 위한 기도가 터질 듯이 출렁대고 다른 한 쪽에서는 힌두인들이라면 누구나 꿈꾸는 이곳 바라나시에서 지금의 삶을 마감하기 위해 죽은 몸을 불사른다. 그것이 평생의 소원이자 의무라고 여기며 지금의 삶을 살아가는 사람들이다. 이른 아침인데도 육신을 불사르는 연기가 모락모락 피어오른다. 삶과 죽음이 공존하는 듯한 이곳 갠지스강의 바라나시 모습이다.

인력거를 타고 사람과 차와 오토바이와 자전거, 짐승들이 한데 얽혀서 소란스러운 도시 사이로 갠지스강에 다다를 때까지 내 눈앞에 펼쳐진 풍경. 복잡하고 어지럽고 난생처음 경험하는 것이라 혼이 쑥 빠진 것 같은 느낌이었다. 이해할 수 없는 도시라고 생각했지만 그 소란스러움도 다른 세상을 꿈꾸었던 나에게 어느새 아름답고 낭만적인 풍경으로 자리 잡는다.

사람보다 소가 먼저인 이해 못할 도시, 소가 지나가면 사람도 차도 소에게 먼저 양보하는 곳, 도로 한복판에서 어슬렁거리는 소들도 인도이기에 만날 수 있는 풍경 중의 하나인 듯하다.

미로처럼 얽혀 있던 골목길, 그 좁은 틈새마다 사람 사는 냄새가 활기를 띤다. 여러 가축과 사람이 한데 어우러져 같이 먹고 자고 하는 것이 일상인 도시. 다양한 삶이 있었던 바라나시의 골목길 역시 많은 이야기를 담고 있을 것 같아 시간에 쫓겨 빨리 지나친 데에 대한 아쉬움을 자극한다.

짧은 일정에 내가 보고 느낀 것은 극히 일부분이지만 그들의 삶이 녹아있는 그 골목길도 왜 가장 인도다운 곳으로 꼽는지 조금은 알 것 같다. 그리고 인도 여행에 단 하루만 주어진다면 바라나시를 택할 거라고 했던 많은 사람들을 이제는 이해할 것 같다.

마음이 가난한 사람들의 여행지. 수많은 사람들이 인생을 마감하는 종착역. 어쩜 한동안 인도 여행을 꿈꾸고 있었던 나 자신도 가슴에 이는 횅한 바람을 어찌할 수 없어 마음의 안식처를 찾아 떠난 것인지도 모르겠다.

삶과 죽음이 공존하던 매력적인 도시 바라나시는 나에게 특별한 기억, 아련한 추억으로 영원히 남을 것 같다.

3.
외로움에 덧칠을

내가 힘들 때 기댈 수 있고 문득 보고 싶어지는 친구. 보고 싶다고 말할 때 언제라도 달려올 수 있는 친구가 한 명만이라도 있다면 계절이 가는 마지막 숨소리가 그리 슬프지만은 않을 것 같다.

북 버킷 리스트 10

초등학교 5학년 생일날 아버지한테서 선물 받은 책이 있다.
저자는 기억이 나지 않는 『사랑의 학교』[1]. 주인공 엔리코의 일기를 통해 어린 마음에도 사랑의 중요성을 느끼게 해 준 가슴 따뜻했던 책으로 기억된다.

고등학교 때 선생님의 눈을 피해가며 많은 책을 읽었다. 다섯 권이었던 걸로 기억되는 『삼국지』[2]가 그중의 하나다. 읽을수록 더해가는 재미에 빠져 수업시간에도 펼쳐놓고 읽었던 그 책은 삶의 지혜, 인간의 도리, 친구간의 우정, 사회생활에 필요한 처세술등을 간접적으로 터득한 책이다.

이원복님의 만화 「먼 나라 이웃나라」[3]를 접하면서 아이들과 함께 방안에 앉아 미지의 세계를 두루 돌아볼 수 있다는 기쁨과 설렘 때문에 손에서 놓지 못했던 책. 아이들보다 내가 더 좋아하게 된, 나에게 여행에 대한 꿈을 심어주던 책이다.

헤밍웨이의 『노인과 바다』[4]도 좋아하는 책 중의 하나다.
간결한 문장과 단조롭고 나른한 이야기 속에서 어떤 상황에서도 최선을 다하며 끊임없는 도전과 자신감, 용기를 주던 책이다.

젊은 시절, 절절하던 두 남녀의 사랑에 그 여운을 감당하지 못해 한동안 가슴앓이를 한 책이 있다. 에릭 시갈의 『러브 스토리』[5]. '사랑은 결코 미안하다는 말을 하지 않는다.'라는 명대사를 남긴 이 작품도 같은 세대를 살아온 사람이면 누구나 가슴 속에 남아 있을 것 같은 아름다운 책이다.

루소의 『에밀』[6]
부모라면 누구나 꼭 읽어야 할 책이라기에 내가 소화해 내기에는 좀 버거운 듯한 책을 껴안고 한동안 씨름한 책.
부모로서의 기본을 갖추자는 마음에 책을 붙들고 뒹굴었지만 너무나 난해했고 이론과 실제는 엄청난 차이가 있다는 것에 회의를 느끼기도 했던 책이다.

생텍쥐베리의 『어린왕자』[7]는 우선 두께가 얇은 게 가장 마음에 들었던 책이다.

하지만 뭔지 알면서도 모르겠던, 알 듯 말 듯 한 대사들에 좌절하며, 그래도 그중 대사 하나는 외워버렸던 그 책.

'사막이 아름다운 것은 어딘가에 우물이 숨어 있기 때문이다.' 어떤 시련 속에도 희망은 있다는 메시지를 주던 예쁜 책이다.

다산 선생의 『지식 경영법』[8]은 평생을 곁에 두고 조금씩 읽음으로써 부족한 나 자신을 정화시키고 수양하기에 최고의 책이다. 이런 책을 만날 수 있었던 게 내 인생의 행운이다.

작년인가 혜민 스님의 『멈추면 비로소 보이는 것들』[9]이라는 에세이를 한 권 샀다. 어떻게 하면 그렇게 마음을 비우고 자신을 낮추며 살 수 있을까 하는 존경심과 조금씩 그런 삶에 가깝게 가도록 노력해야겠다는 마음이 절실했던, 내가 좋아하는 책 중의 하나다.

지난여름부터 아직도 읽고 있는 책이 있다.
니코스 카잔차키스의 『그리스인 조르바』[10]라는 책이다. 말로 표현되지 않은 수많은 언어들을 춤으로 표현하며, 진정한 자유를 위해 온몸을 던진다. 조르바는 어설픈 자존심과 체면 때문에 나를 내 삶의 주인으로 만들지 못하는 이중성을 아프게 꼬집는다. 삶은 한 번뿐이고 남들이란 내 인생에서 그저 스쳐 지나가는 것일 뿐인데 왜 남의 눈을 의식하며 짧은 인생을 낭비

하고 있냐고 안타깝게 묻는 것 같다.

　아직 반도 못 읽었지만 급한 김에 마지막 장부터 읽어버렸다.
'나는 아무것도 바라지 않는다. 나는 아무것도 두려워하지 않는다. 나는 자유다.'

　진짜 멋있다. 자유를 갈망하는 이들에게 가을이 가기 전에 이 책을 추천한다.

사랑은 소리 없이 와 닿을 때 아름답다

  십년도 훨씬 더 전이니까 내가 수필 공부를 막 시작 했을 때이다.
  도움이 될 지도 모르니 한 번 읽어 보라며 친구가 건네준 이철환 작가의 『연탄길』을 밤을 꼬박 새며 읽은 기억이 있다.
  가슴으로 전해지는 찡한 이야기들이 오랫동안 여운으로 남아 있었다.
  다시 그 책을 꺼내 뒤적였다.
  「겨울에 피는 꽃」이란 작품에서 눈길이 멈추었다.
  '일자리를 잃어버린 후, 재호는 몸과 마음이 허물어지고 있었다. 무엇보다도 이제 막 돌이 지난 딸아이에게 먹일 분유 값이 없어 애가 탔다. 친지와 친구들에게도 여러 차례 도움을 받아 더 이상은 도움을 청할 염치도 없었다.'로 첫 문장이 시작된다.

염치를 무릅쓰고 친구의 화실을 찾아 갔다가 끝내 입을 떼지 못하고 나와 정류장을 서성거리며 주머니에 손을 넣는 순간 친구가 몰래 넣어 둔 돈 봉투를 발견한다.

　이 작품을 읽으면서 나는 작가가 주는 두 가지 메시지를 발견한다. 가족을 책임져야 하는 우리네 아버지들의 쓸쓸한 뒷모습을 보았고 또 친구란 이름의 가슴 절절한 우정을 느꼈다.

　한 가정을 책임져야 하는 가장으로서 어깨를 내리 누르는 무거운 책임감은 겨울밤을 방황하게 하고 떨어지지 않은 발길을 친구한테로 향하게 한다.

　이 작품 속의 재호와 성훈은 우리들의 아버지 모습이고 내 남편, 그리고 내 아들의 축소된 삶이다.

　우리 아버지가 살아 온 생도 한 마리 가시고기 같았다. 크게만 느껴졌던 아버지가 모든 것을 내어 주고 뼈만 남은 앙상한 몸으로 눈을 감을 때까지도 아버지는 원래 그렇게 사는 것인 줄 알았다. 무심한 듯 모른 체하며 살아오기는 했지만 남편 역시 아버지 못지않은 희생으로 우리 가족을 지키느라 앞만 보고 달렸고, 어느새 한 가정의 가장이 된 내 아들도 가족이라는 무게가 버거울 때는 바람 부는 겨울밤을 서성거리기도 하며 그렇게 살아갈 것이다.

　차가운 겨울바람도 훈훈하게 만들어 버리는 친구의 따뜻한 배려가 눈물샘을 자극한다. 그 돈이 없으면 당장 오늘 저녁 집에 들어가기가 난처했던 순간에도 자기보다 더 힘들어 보이는 친구를 위하여 가진 돈을 망설임 없이 다 내 준다. 굳이 말을 하지 않아도 친구라는 이유로 통했던 그들. 친구는 각박한 세상을 헤쳐 나가며 버거운 삶을 지탱할 수 있는 또 한 줄기 빛이라는 것을 이 글을 통해서 배운다.

코트 주머니에 친구가 넣어둔 돈을 보는 순간 그 돈을 돌려줄 마음에 다시 화실로 간 재호는 성훈의 전화를 엿듣는다. 그림을 팔아서 아이 생일 선물 사줄 돈을 몽땅 재호에게 줘 버린 그가 아내에게 그림 사기로 약속한 사람이 오지 않았다고 거짓말을 하며 아이와의 약속을 못 지켜 미안하다고 말한다. 아내와의 전화 통화를 엿들은 재호는 곰 인형과 크레파스를 성호의 화실 문고리에 걸어 놓고 돌아선다. 우산을 들어 주는 것이 아니라 함께 내리는 비를 맞고 있는 그들을 본다.

드라마 각본처럼 끼어 맞춘 느낌이 군데군데 들기는 하지만 그런 것은 별 문제가 되지는 않는다. 어려운 말이 없어서 나 같은 사람이 읽기 쉽고 또 눈시울을 붉혀 주는 가슴 뭉클한 감동이 있으면 된 거 아닌가? 그들은 비록 지금은 힘든 시간을 겪고 있지만 사람을 얻음으로써 이미 인생의 절반은 성공했지 않나 싶다.

살을 에는 추위 속에서도 꽃은 핀다. 눈 속을 뚫고 고고하게 피어나는 꽃은 더 아름답고 눈물겹다. 그들의 우정은 겨울을 뚫고 피어난 아름다운 한 떨기 꽃이 아닐까.

내가 힘들 때 기댈 수 있고 문득 보고 싶어지는 친구. 보고 싶다고 말할 때 언제라도 달려올 수 있는 친구가 한 명만이라도 있다면 계절이 가는 마지막 숨소리가 그리 슬프지만은 않을 것 같다.

'사랑은 소리 없이 와 닿을 때 가장 아름답다.'는 마지막 문구가 행운을 예고한다.

소리 없이 쌓이는 눈송이처럼….

겨울에 피는 꽃

이 철 환

일자리를 잃어버린 후 재훈는 몸과 마음이 허물어지고 있었다.
무엇보다도 이제 막 돌이 지난 딸아이에게 먹일 분유값이 없어
애가 탔다. 친지나 친구들에게도 여러 차례 도움을 받아
더 이상은 도움을 청할 염치도 없었다.
오늘도 재훈는 일자리에 대한 기대를 안고 나왔다.
퀘퀘한 냄새 가득한 골목길에는 깨진 연탄재만 을씨년스럽게
날렸고 아이들이 아무렇게나 써 놓은 담벼락 낙서 위로
겨울 햇살이 한 나절 둥지를 틀었다.
무거운 하루를 또 다시 등에 이고 돌아오는 길에 재훈는 문득
고등학교 동창인 성훈이 생각났다. 성훈이라면 자신의 어려움을
외면하지 않을 거라 생각했지만 쉬이 발길이 떨어지지 않았다.
그림을 그리는 성훈이 오래 전부터 가난하게 살아왔다는 것을
재훈는 알고 있었다. 하지만 오늘은 친구가 무척 보고 싶었다.
재훈는 가파른 목조 계단을 올라 성훈의 화실이 있는 복도로
들어섰다. 그때 중년의 남자가 종이로 포장된 그림을 들고
계단 쪽으로 걸어 나왔다.
화실 문을 열고 들어서자 성훈은 재훈을 반갑게 맞아 주었다.
한 겨울에도 화실의 난로는 꺼져 있었다. 두꺼운 덧옷 입고 있는
성훈의 얼굴도 까칠해 보였다.
"손님이 왔는데 화실이 추워서 어쩌나?"
"내가 뭐 손님이야? 춥지도 않은 데 뭘."
재훈는 미안해 하는 성훈 때문에 일부러 외투까지 벗어 옷걸이에 걸었다.
"아직 저녁 안 먹었지? 내가 빨리 나가서 라면이라도 사올게.
잠깐만 기다려."

사랑은 소리 없이… · — 121

성훈이 나간 동안 재훈은 화실의 이곳저곳을 둘러보았다.
벽에 붙은 그림 속에는 하루의 노동을 마치고 어둠 속에 귀가하는 도시 빈민이
있었다. 자신을 닮은 그 지친 발걸음을 재훈은 한참동안 바라보았다.
라면을 먹으면서도 재훈은 몇 번을 망설였다. 하지만 차마 입이
떨어지지 않았다. 이윽고 재훈은 옷걸이에 걸려있는 외투를 꺼내 입었다.
외투의 무게 만큼이나 재훈의 마음도 무거웠다.
"나 그만 갈게. 성훈아. 잘 먹고 간다."
"오랜만에 왔는데 라면만 대접해서 어쩌지?"
"아냐, 맛있게 먹었어."
재훈은 어둠이 내린 버스정류장을 서성거렸다. 차가운 바람을 맞으며 어린 딸을
생각하고 아내의 영혼을 생각했다. 그러다 무겁고 넓은 외투 주머니에서
만원짜리 다섯 장과 천원짜리 몇장이 들어있는 봉투를 발견했다.
재훈 모르게 성훈이 넣어둔 것이었다. 재훈은 바쁜 걸음으로 화실을 향해 걸었다.
어두운 복도를 지나 화실 문을 막 열려는 순간 안에서 성훈의 목소리가 들려왔다.
"여보 미안해서 어쩌지? 오늘 오후에 그림을 사가기로 했던 사람이 오지 않았어.
수민이 생일 선물로 곰인형하고 크레파스 사 간다고 약속했는데 큰일이네."
재훈은 차마 화실로 들어가지 못하고 다시 계단을 내려왔다.

추운 화실에 앉아 성훈은 주어진 손에 하얗게 입김을 불어가며
그림을 그렸다. 인형과 크레파스 대신 딸에게 줄 그림 속에는 아기 공룡 둘리가
분홍빛 혀를 내밀고 웃고 있었다. 성훈은 채 마르지 않은 그림을 손에 들고
화실 문을 나섰다. 그런데 바깥 문고리에 비닐 봉지 하나가 매달려 있었다.
어둠속에서 들여다 본 하얀 봉지 속에 귀여운 곰 인형과 크레파스가 담겨 있었다.

어두운 밤 하늘에서는 축복처럼 눈이 내리고 있었다.
소리없이 쌓이는 눈송이처럼 그들의 우정도 소리없이 깊어 갔다.

사랑은 소리없이 안 닿을 때 가장 아름답다.

외로움에 덧칠을 하며
- 수필과 나의 인생

보이는 게 전부가 아니었다.

가슴 속엔 횅하니 바람이 일고 무엇으로도 채워지지 않는 빈 구석은 언제나 헛헛했다. 혼자 댕그라니 무인도에 남겨져 있는 것 같은 생각이 들 때는 외로움과 두려움을 어쩌지 못해 죽을 것 같은 느낌이 들기도 했다.

40대 후반 쯤, 남편에게도 아이들에게도 나는 이미 절실한 존재가 아니었다. 나의 갱년기와 그들의 사춘기가 묘하게 맞물리면서 서로 자신이 제일 아프고 힘들다고 소리를 높였다.

나의 전부였던 그들이 컸다는 이유만으로 낯설어지고 대하기 어려운 존재로 되어가는 듯 느껴지는 강박감에 가끔씩 숨이 멎어 옴을 느꼈다. 엄마도 여자도 아닌 점점 낯설고 어정쩡한 자신을 인식하면서 문득 밀려오는 불안감과 이대로 과연 앞으로의 삶을 살아갈 수 있을까 하는 위기감은 나를 깊은 딜레마에 빠지게 했다. 앞이 보이지 않는 뿌연 시간들이 아득하기만 했다. 그런 전혀 익숙하지 않던 익숙함에 물들어 휘청거리는 동안도 해는 뜨고 세상은 무심하게 잘도 굴러갔다.

겉으로 보이는 멀쩡한 모습과 내면적 나와의 싸움에서 오는 숱한 갈등들. 내 삶이 최선인 줄 알고 살아 온 세월 동안 빈껍데기만 남았고 나는 세상으로부터 저만치 밀려나 있었다. 이제 시간은 남아돌지만 아무도 날 알아주지 않는 가운데 마음은 평화롭지 않았고 내 안에 있던 한 치의 자신감마저 상실해 갔다.

여건만 허락되면 가방을 꾸려 길 위에 서기도 했다. 거기에 혹시라도 내가 찾고 있는 답이 있지 않나 해서였다. 지금까지의 나를 버려 보기도 하고 낯선 곳, 낯선 시간 속에서 또 다른 나를 찾기 위해서 안간힘을 써 봐도, 친구를 만나 수다를 떨고 색다른 맛을 찾아다니며 위로받으려 해도 가슴 속 텅 빈 공허함은 메워지지 않았다.

탈출구를 찾아야 했다.

깊은 밤, 잠까지 빼앗아 달아나는 갱년기를 모질게 겪으면서 철저한 나의 시간 위에 펜 하나로 나를 치유하기 시작했다. 새벽이 오기 까지 읽고 쓰고 종이 위에 덧칠을 하면서 외로움을 잊고 내 앞날에 대한 두려움을 떨쳐버리는 연습을 했다.

막다른 길 너머에는 또 다른 길이 반드시 있다. 이게 끝인가 싶은 길 뒤에는 새로운 길이 꼭 보인다.

그렇게 희미하게 보이는 꼬불꼬불한 길을 찾아 걷기 시작한 나의 글쓰기 입문은 어쩜 내 생활을, 휘청거리던 내 삶을 나도 모르는 사이 서서히 바꿔놓고 있었다. 나를 반듯하게 제 자리로 돌려놓았고 이 일도 만만하지는 않다고, 더는 못하겠다고 투덜거리면서도 내가 앞으로 어떻게 살아가야 할지에 대한 막막함, 나이 들어가는 데에 대한 최소한의 두려움은 없게 만들어 주었다. 식어가던 내 심장에 조그만 불씨가 보이기 시작했다. 그냥 지금 하는 대로 물 흐르듯 자연스럽게 이 길을 따라가면 될 것 같다고 여유를 부려본다.

내 선택이 버겁고 회의적일 때도 있었다.

밤새 한 줄의 글도 쓸 수 없어 몇 시간 째 죄 없는 컴퓨터만 째려보며 머리를 쥐어박을 때도 많았고 내가 쓴 글이 자신이 봐도 민망할 정도로 기막히고 유치함을 느낄 때도 한두 번이 아니었다.

그보다 더 나를 형편없는 절망으로 몰고 가게 하는 것.

내가 이야기 하고 싶은 본질은 저만치 두고 엉뚱한 곳에서 서성대는 나를 발견한다. 내가 지금 도대체 뭘 하고 있는 거지? 하며 나 자신에게 수없이 묻고 또 묻는다. 수필이라는 장르가 내 이야기가 남한테 보이는 것이라서 내 치부까지 드러내는 일이 결코 쉽지는 않지만 적당히 포장하고 가리고 겉으로만 대충대충 긁적이는 듯한 내 모습에 이건 아니다 싶을 때가 의외로 많다. 남한테 보이기 위해서 글을 쓰는 것은 아닌데 어쩌다가 남을 의식하며 글을 써야하는 지경에까지 왔는지에 회의가 인다. 이 길도 잘못 들어선 길인가?

 하지만 내 선택에 의해 이미 나는 이 좁은 길을 터덜터덜 걸어 왔고 뒤돌아보면 또 아득해지는 그 길을 되돌아 갈 자신은 더욱 없다.

 어느새 내 인생에 운명처럼 비집고 들어 와 떡 하니 자리 잡고 있는 이미 떼놓을 수 없는 인연을 발견한다.

 최고는 아니더라도 뼛속까지 내려가서 마음을 다해서 쓰는 글. 그런 글을 쓸 수 있는 날이 언제쯤일지는 모르지만, 세상에 완전한 것은 없다고 스스로 위로하면서 또 마음을 다잡는다.

하루를 씻다

　원두막에 옹기종기 둘러 앉아 도시락을 펼친다.
　진수성찬이다. 주먹밥, 김밥에 온갖 나물이 푸짐하고 전에다 계란말이, 떡, 삶은 계란까지 등장한다. 소풍 가는 마음은 어릴 적이나 지금처럼 나이가 들어서나 별반 다를 게 없나 보다. 각자 먹을 도시락을 준비하느라 새벽부터 바쁘게 움직였을 게 분명하다. 아니 어쩜 설레는 마음에 밤잠을 설쳤을지도 모른다. 우리 모두에게 도시락은 끝없는 이야기가 담긴 아련한 추억이다. 우리는 지금 추억을 정신없이 집어먹으며 허기진 마음을 씻어 내리고 있는 것이다.
　덕분에 다이어트는 또 물 건너갔다.

　징검다리를 건넌다. 넘어 질세라, 옷이 물에 젖을세라 조심

조심 걷는다. 문득 우리네 인생도 이런 징검다리 같다는 생각을 한다. 수많은 징검다리를 조심조심 건너 지금에 다다랐고 앞으로 또 얼마의 징검다리를 건너야 할지.

시원한 물 위를 걸으니 가슴이 뻥 뚫린다. 풍덩 뛰어들어 손도 씻어보고 발도 담그고 싶은 마음을 누른다. 양 옆으로 피어 있는 빨간 꽃양귀비는 어쩜 저토록 요염한 모습을 하고 바람에 한들거릴까? 애기똥풀인 줄 알았던 노란색 꽃은 옆에 가는 문우가 미나리아재비꽃이라고 알려준다. 한낮의 햇살에 노란색이 무척 선명하다. 약간은 촌스러운 듯한 이름의 들꽃들에 정이 간다. 언젠가 희미하게 잊힐 것 같은 이름 같지만 찬찬히 들여다보고 사랑으로 어루만져주면 어떤 화려한 꽃보다도 정겹고 빛나는 것들이다.

토끼풀이 천지에 깔려있다. 네 잎 클로버를 찾아볼까 하고 주저앉는다. 예전에는 잘도 찾아내곤 했는데 이제는 그것마저도 눈에 띄지 않나 하는 허전한 마음에 손을 털고 일어선다. 아쉬운 마음에 토끼풀 꽃 두 개를 뜯어 마주 꿰어 팔찌를 만들어 손목에 감는다. 근사한 꽃팔찌다. 꽃팔찌를 들여다보며 잠시 생각에 잠긴다. 어린 시절, 꽃팔찌, 꽃반지를 만들어 내 팔과 손가락에 끼워주곤 하던 아이가 있었는데. 추억 속으로 뛰어들어 말라버린 마음을 촉촉하게 적신다. 입가에 미소가 번진다. 한 줌의 추억도 커다란 힐링이다.

 자그마한 식물원으로 들어간다. 크고 작은 예쁜 꽃들이 우리를 반긴다. 꽃향기 가득에 마음이 환해진다. 금강산을 본 뜬 모형이 우리의 눈길을 사로잡는다. 흡사 일 만이천봉의 금강산이다. 사진을 찍어서 보니 누가 봐도 금강산에서 찍은 것으로 착각할 것 같다.

 세미원의 가장 큰 상징인 연꽃이 아직 철이 아니라서 볼 수 없는 게 아쉽기는 하지만 연꽃이 피는 계절에 다시 오라는 여지를 남겨 주는 것 같아서 좋다.

 물과 꽃을 바라보는 것만으로 진정 마음 속 찌꺼기가 빠져나가 깨끗하게 씻긴다. 잠시 그 아름다움에 동화된다.

 한 바퀴를 돌아 나와 시원한 연잎차 한 잔으로 마무리를 한다. 오랜만의 도시락 나들이에 들떠서 이것저것 많이 먹은 데다 초여름의 햇살에 잔뜩 갈증이 난 터라 연잎차 한 잔을 들이키니 가슴 속까지 탁 트이는 듯하다.

 다시 지하철을 탄다. 아침에 올 때와 마찬가지로 지하철 안은 여전히 붐빈다. 할머니, 할아버지들이 특히 눈에 많이 띈다. 저 연세에 어디를 저렇게 다닐까 싶지만 나는 분명 저 나이에 저들보다 더 기를 쓰고 다닐 것이다. 자리에 앉는다는 건 엄두도 못 낼 일이다. 일찌감치 포기하고 창가에 붙어 섰다. 차창 밖으로 온갖 꽃들이 바람에 나부낀다. 하얀 이팝나무 꽃들이 쏟아지는 눈 같다. 아카시아 하얀 꽃들의 향기가 바람을 타고 지하철 안까지 그대로 전해지는 느낌이다. 언덕 위에 어우러져 있는 노란 꽃들은 이번에는 진짜 애기똥풀꽃이다. 선명한 노란색이 금박처럼 반짝인다. 눈을 감고 내리는 눈과 일렁이는 바람으로 나를 씻어 내린다.

'가슴에 응어리 진 일 있거든 미사리를 지나 양수리로 오시게'라고 적혀있던 박문재 님의 시 첫 구절이 자꾸 아른거린다. 사는 게 뭐 대수라고 움켜쥐고 있는 것들을 서서히 버리고 가볍게 사는 연습을 해야겠다.

자연을 벗 삼아 하루를 씻어내니 가슴 속 응어리가 조금은 풀리는 것 같다.

무심한 듯 살다가, 들꽃에 눈을 씻고 물속에 풍덩 뛰어들고 싶은 날 나는 또 거기에 있을 것이다.

빙산원리(The element of an iceberg)

'아, 이거였구나.'

헤밍웨이의 빙산원리가 가슴에 쏙 와 닿았다

예전에 『노인과 바다』를 읽으면서 내내 풀리지 않는 의문과 궁금함이 있었다. 책을 다 읽고도 뭔지 모를 답답한 느낌.

그때는 그것이 나의 얄팍한 지식에서 비롯된 이해력 부족이라 생각했다. 더 이상 알려고 하지 않았고 자존심 때문에 누구와 토론조차 해 볼 겨를이 없었다. 오늘 비로소 빙산원리를 배우면서 그것이 수식을 일절 배제하는 어니스트 헤밍웨이 식의 '비정한 문체'라는 걸 알아냈다. 책을 읽으면서 왜 어촌의 배경을 선명하게 떠올릴 수 없는가에, 시원하게 묘사되지 않은 어렴풋한 배경들에 답답해하며 거꾸로 페이지를 넘겨 읽고 또 읽기를 반복하기도 했다. 더 자세하고 구체적인 묘사가 필요하지 않은 것은 독자가 더 다양한 상상의 나래를 펼 수 있게 하기 위함이라고 했다. 작가도 알고 있고 독자도 알 수 있는 부분은 무엇이든 과감히 생략하는 것이다. 소설 속의 망망대해는 우리 네 인생을 뜻하며 커다란 고기는 인생의 목표, 상어 떼는 인생 중 겪는 혹독한 시련이라는 커다란 맥락을 던져주고 나머지는 독자 스스로 느끼고 깨닫게 하고 있다.
 좋은 글을 쓰기 위해서는 불필요한 말을 없애야 한다고 배운다. 절실한 과제다.
 형용사나 부사 사용을 자제하지 못하고 수식어를 슬쩍슬쩍 갖다 붙이는 것은 글자 수를 늘이는 것 외에 아무런 의미가 없다. 군더더기로 붙이는 미사여구는 급기야는 글의 수준을 몰락시킨다. 야금야금 늘어나는 뱃살을 방심하면 나도 모르는 사이에 복부비만으로 이어지고 모든 병의 근원이 되는 것과 같은 이치다. 습관적으로 군더더기를 갖다 붙이다가는 배만 볼록하게 나와 실속은 없고 수다만 떨다 만 것 같은 기형적인 작품이 되고 마는 것이다. 사람의 몸도 뱃살이 빠지면 몸이 한결 가벼워지듯이 미사여구, 군더더기 형용사, 부사를 미련 없이 쳐버리면 살아나는 글의 품격에 조금은 만족할 수 있을 것 같다.
 하지만 간결한 문체를 만드는 것이 말처럼 쉬운 일은 결코 아니다. 이것저것 다 빼고 자르고 쳐 내고 나면 아무것도 남지 않는 내 글의 한계. 고지는 아직 멀기만 하다. 나도 남들처럼 군더더기 없이 상큼한 글을 쓰고 싶은 마음이 왜 없겠는가.

'예년에 없이 푹푹 찌던 여름 더위는 도무지 물러갈 것 같지 않았다. 하지만 지글지글 끓어오르던 더위도 아침저녁으로 살랑살랑 불어오는 가을바람에 밀려갔다. 이제 곧 오색 단풍이 울긋불긋 온 세상을 찬란하게 물들이고 들판은 황금물결 어쩌고…' 하다가 화들짝 놀란다.

빙산원리를 또 깜빡했다.

이런 식으로 썼다가는 또 한 대 얻어맞고 단락 전체를 지우라고 하실 것이 분명하다. 우리 교수님이 수업 시간마다 사정하다시피 애절하게 강조하시는 것. 빙산원리. 그 마음을 모르는 것은 아니지만 마음대로 되지 않으니 답답할 수밖에…. 헤밍웨이는 100여 년 전부터 이렇게 어려운 빙산원리를 어떻게 터득했을까? 가끔은 삭막하기까지 한 그 비정한 문체가 글을 써야 하는 지금의 나에게는 너무도 간절한 최대의 난제인 것을.

"가을이다."
한 문장에 모든 것을 다 담아서 과감하게 풀어낼 수 있을 날이 언제일지.

비하인드 스토리

　매년 여름이면 개최되는 하계수필세미나에 참석했던 그날도 예년 못지않게 더운 날씨였다. 푹푹 찌는 날씨는 한 줄기 바람조차 그립게 한다. 세미나보다도 반가운 얼굴들을 만나서 하루를 보내는 색다른 재미에 올해에도 이 날을 손꼽아 기다렸다.
　두세 시간의 세미나는 절정의 더위에 식곤증 탓인지 밀려오는 졸음을 참을 수 없어 머리를 앞뒤로 수없이 처박기도 했다. 행사 종반에 보여주던 노래와 연주 덕분에 밀려오던 졸음도 떨치고 기분도 조금 전환되었다.

　이튿날 아침 간단한 산책과 아침 식사 후 용주사와 융건능을 돌아 봤다.
　버스에서 내리니 깊은 산 속이 아닌 도로 바로 옆에 사찰이 있다. 정조가 아버지 사도세자의 넋을 위로하기 위해 지은 사찰이라고 하니 더욱 관심이 간다. 평소에 다하지 못한 효를 행하는 마음이 갸륵하다. 당파싸움으로 얼룩져 처절했던 삶을 마감했던 사도세자와 새로운 세상을 이루지 못하고 눈을 감은 정조를 잠시 생각한다.

숲으로 둘러싸인 융건능을 느릿느릿 걷는다. 촉촉한 숲 속의 아침 공기에 잠시 더위를 잊는다. 한 줌도 안 되는 바람에 온갖 꽃들이 살랑거린다. 하얗게 깔려있는 개망초와 나리꽃이 정겹다. 사진작가님이 이리저리 포즈를 취하게 하고 사진을 정성 들여 찍어준다. 잠시나마 걸었던 숲 속에서 내 안의 힐링을 느낀다.

1박 2일의 세미나는 이렇게 끝이 났다.

점심시간도 되기 전에 끝나 버린 세미나에 약간 당혹스러웠다. 오롯이 나에게 허락된 날인데 싶은 생각은 나만 한 것이 아니었다.

우리 문우 일행은 냉면이라도 먹고 헤어지자며 한 목소리를 냈고 냉면 한 그릇씩 맛있게 후루룩 먹고 난 후에 커피 한 잔으로 세미나가 일찍 끝나버린 헛헛함을 달랬다. 뒤이어 이렇게 더운 날씨에는 치맥 한 잔이 딱이라며 펌프질을 해댔고 초행길에 어렵게 찾아간 곳은 분당의 어느 치맥집이었다.

마음은 젊으나 늙으나 똑같은가 보다. 젊었을 때 하던, 아니 젊은 아이들이 하는 그 짓을 우리도 똑같이 하고 있었다.
별 주제도 없고 알맹이도 없건만 서로 주고받고 깔깔거리고 그러는 사이 우리는 서서히 일탈을 꿈꾸고 있었다.
왜 우리 모두는 광화문으로 가는 광역버스를 탔을까?
집이 바로 지척인 한 문우는 집에 가겠다고 했고 우리는 한 배를 탔으니 끝까지 같이 가야 한다며 팔을 잡아끌었다. 누군가가 가방까지 빼앗아 달아났으니 어쩔 수 없이 버스에 올라타야 했다. 지금 생각해도 미안한 마음이 크긴 하다. 지척에 집을 두고 아픈 다리로 따라다녀야 했던 그 마음이 어떠했을까?
광역버스에 몸을 실은 일행은 피곤과 취기가 겹쳐 잠에 곯아 떨어졌고 누군가가 내리라는 소리에 따라 내려 보니 낯익은 동네가 보였다.
이것도 귀소 본능인가. 하필 내린 곳은 우리 동네만큼 친근한 우리들의 배움터가 있는 인사동 근처였다. 뛰어 봐야 벼룩이라고 기껏 찾아온 곳이 여기네. 익숙하니까 어쨌든 마음은 놓였다.
익숙한 곳이라 생각했던 인사동의 밤거리는 낯설었다. 국내외 젊은이들로 인산인해다. 나이 든 우리들이 끼기조차 민망하다. 이미 옛 정취와 전통이 살아있던 거리가 아니었다. 상점의 물건들에서도 우리 고유의 정취를 느끼기 어렵다. 고즈넉하고 예술적이어야 할 거리에 중국산 일색인 물건들, 특색 없이 천편일률적인 그들 앞에서 안타까움만 앞선다. 소중한 역사와 삶의 흔적들이 지워져버리고 국적 불명의 현란한 간판과 거리에 쏟아져 나온 거대한 인파로 더운 밤이 더 후끈해짐을 느낀다. 저녁을 먹기 위해 들어간 그 집, 음식 맛조차 국적불명이다. 젊은이들과 외국인의 입에 맞게 만든 탓일까. 이 맛도 저 맛도 아니게 달짝지근했던 그 음식들. 이미 존재감을 상실한 인사동의 풍경이다.

골목 모퉁이의 한 카페로 들어갔다. 신기하게 길 하나만 비켜나도 아까의 그 북적거리던 인파는 보이지 않는다. 약간 어두침침하고 곰팡이 냄새도 나면서 그래도 편안하고 아늑하게 느껴졌던 한적한 골목안의 그 카페.

또 생맥주잔을 부딪친다. 조금은 인사동의 분위기를 흉내 내 본 그 집. 옛것을 이것저것 수집해 놓고 탁자며 의자들도 고풍스럽다.

다소곳하고 참한 인상의 여주인 분위기처럼 흘러간 팝송이 추억을 탄다.

아는 노래 모르는 노래 할 것 없이 잔잔하게 흘러나오는 그 노래들에 심취되어 옆의 한 문우는 아까부터 말이 없어지고 자꾸 눈물이 날 것 같다고 한다. 같은 공간에서 저마다 조금씩 다른 자기만의 추억 속으로 빠져들어 간다. 신청곡도 하나 주문한다. 수많은 세월을 살아 온 만큼 각자의 추억이 있고 그리움도 다르겠지. 그래서 우리는 같은 음악을 들으면서 다른 생각을 하고 다른 추억을 떠올린다.

생맥주 한 잔에 눈물 떨구고 또 다시 부딪치면서 추억을 곱씹을 수 있었던 그날. 인사동 그 집에서의 멋진 뒤풀이.

모두가 내 안의 잃어버린 것을 찾기 위해 몸부림쳤던 한여름 날의 그 밤. 따지고 보면 우리는 같은 시간, 같은 공간에서 다른 듯 같게, 같은 듯 다르게 살고 있는지도 모른다. 그러기에 쉽게 마음을 모을 수 있었던 그 시간들.

인사동 골목에서 불어오던 한 줄기 바람에 한여름 밤의 꿈처럼 행복한 밤이었다.

쓰레기와 릴케

 무심코 쓰레기를 버리고 돌아 서는데 뭔가 뒷덜미를 잡는다.
 이미 수거해간 쓰레기장 앞에 경고문이 붙은 낯익은 봉투 하나가 컨테이너에서 내려와 앉아 있다. 음식물 쓰레기가 들어 있어 수거해 갈 수 없다는 문구와 함께 양심까지 들먹이는 글자가 어렴풋이 보인다.
 가슴이 철렁하면서 곁눈으로 슬쩍 또 확인을 했다. 직감적으로 내가 버린 쓰레기 봉투였음을 확신한다. 파란색과 검정 비닐이 차례로 포개져 있는 게 분명 이틀 전에 내가 들고 나온 쓰레기다. 버릴 때부터 신경이 쓰였기에 한눈에 알아 볼 수 있었지만 모른 척하고 지나쳤다.
 지난여름 담근 매실청을 뜨고 난 알맹이들을 건져 비닐에 묶어서 종량제 봉투 속에 버린 것이다.
 음식물을 버릴 때마다 카드를 대어 중량을 확인하고 버려야 하는 게 적응이 쉽게 되지 않아 가끔은 귀찮고 부담스럽던 터였다. 여름부터 실시하고 있는 음식물 종량제 이후 버려진 쓰레기 속에서 수박, 참외 등 과일 껍질이 봉투 밖으로 튀어나와 있고 온갖 잔잔한 음식 쓰레기가 종량제 봉투 안에 들어 있는 게 여러 번 눈에 띄었다.

시행 초기라 정착이 안 된 탓인지 아파트 구석구석 양심 없는 사람들이 놓고 간 쓰레기를 보면서 눈살을 찌푸리기도 했다. 마음 놓고 버려 봐야 돈으로 따지면 얼마 안 되는 것인데 왜 저럴까 하고 이해 못할 때도 있었다.

그러나 나도 가끔 버릴 때마다 돈을 내고 버리느니 그냥 종량제 봉투에 같이 묶어서 버리고 싶은 충동을 느끼기도 했다. 버릴 음식물을 짜고, 말리고, 야무지게 사는 데 서툴러 내가 내는 음식물 처리 비용이 주위 사람들보다 항상 많은 것도 약이 올랐다. 그러다가 이번 매실의 양이 좀 많은 듯해 설마 하는 마음으로 일반 쓰레기와 같이 버린 것이 딱 걸린 것이다.

종일 고민에 빠졌다. 이 일을 어떡하면 좋을까. 밀려오는 후회에 걸음도 휘청거린다. 내가 거기 알몸으로 서 있는 듯하다. 잠시 잊어버렸다가도 또 다시 어른거리는 쓰레기 뭉치가 하루 종일 나를 괴롭혔다.

그래 봐야 양심선언을 하지 않으면 확인할 길이 없으니까 그냥 버텨볼까? 게시판에 대자보라도 붙으면 어쩌나? 30만 원이하의 과태료를 물 수도 있다고 한다. 도둑이 제 발 저리다고 밥을 먹다가도 계속되는 딸꾹질에 사레가 들기도 하고 문득 그 쓰레기봉투만 생각나면 미쳐버릴 것 같았다.

그 와중에 모임에서 점심식사를 하는 도중에 라이너 마리아 릴케의 '가을날'을 읊조리며 우아하게 그 시에 심취했던 이중적 양면성에 머리가 터질 지경이었다. 음식물 쓰레기와 릴케라니….

한 쪽에서는 '주여, 때가 왔습니다. 지난여름은 위대했습니다.' 하며 자연의 섭리를 섬세하고 감성적으로 그리고 있는 서정시에 푹 빠져 들고 다른 편에서는 매실 알맹이가 춤을 추며 내 머리를 흔들던 시간.

오후에 집에 들어오면서 무심코 지나가다가 나도 모르게 그 쪽을 쳐다보았다. 아침에 봤던 그 자리에 그대로 있는 쓰레기봉투가 마치 호랑이가 턱 버티고 있는 듯 무서웠다. 무슨 심리인지 집으로 들어 와서도 부엌 창문 너머로 수시로 힐끔거리는 나를 본다. 이렇게 긴 하루를 내일 또 맞이할 자신이 없다.

그래, 오늘을 넘기면 더 큰 후회를 할지도 모른다.

집으로 도로 들고 오기로 마음먹었다. 하지만 한가득 담긴 쓰레기봉투를 들고 왔다 갔다 하는 것도 참으로 한심한 일이었다. 누가 볼까 봐 망신스러운 마음에 날이라도 어두워지기를 기다리는 수밖에 없었다. 초저녁 잠 많은 남편이 잠들고 뉴스 시간대라 사람들이 TV 앞에 앉아 있을 것 같은 때를 틈 타 쓰레기봉투를 다시 집으로 끌고 오는 데 성공했다.

잠시의 빗나간 양심이 이렇게 커다란 파장을 가져올 줄이야. 쌀쌀한 늦가을 저녁인데도 식은땀이 흘렀다.

이제 다시 봉투를 풀어 매실 알맹이만 빼서 음식물 처리기에 돈을 내고 버리기만 하면 된다.

전쟁터에 나가는 사람처럼 전투적인 자세로 무장을 한다.

마스크로 코와 입을 가리고 비닐장갑을 꼈다. 고개를 옆으로 돌리고 숨을 참아가며 비닐을 풀어서 파랑, 검정비닐을 차례로 까뒤집는다.

이렇게 황당하고 기막힌 일도 있나?

밑바닥까지 휘저어도 매실 알맹이는 나오지 않고 웬 낯선 쓰레기들만 줄지어 나올 뿐이다. 그 안에서 다소곳이 나를 기다리고 있을 줄 알았던 매실들은 흔적도 없고 근간에 본 적도, 먹은 적도 없는 과일 껍질에 김장을 했는지 배추와 무 이파리 등 야채찌꺼기들만 한 뭉치 나온 것이다. 누군지 몰라도 나만큼 양심 없는 사람이 또 있다는 동료의식에 약간의 위로도 되지만 허탈하다. 봄 꿩이 제 바람에 놀란다고 순간 저당 잡힌 양심 때문에 남의 쓰레기를 집에까지 끌고 와서 또 다시 들고 나가 내 돈을 내고 버려야 하는 해프닝. 게다가 매실은 꼭 짜서 일반 쓰레기에 같이 버려도 된다고 하네.

Oh, my God!

앵두, 빨간 그리움을 삼키다

"할머니, 앵두는 또 언제 열려?"
"응, 이제 또 봄이 와야지. 봄이 오면 꽃이 피고 그래야 앵두가 빨갛게 열리는 거야. 백 밤만 더 기다리면 봄이 와."
　작년에 처음으로 맛 본 앵두의 새콤달콤한 맛을 기억하는지 다섯 살 난 손자는 집에 올 때마다 아파트 화단의 앵두나무를 가리킨다. 가지만 앙상하게 남아 무슨 나무인지 구별도 되지 않은 겨울나무 앞에 서서 그 아이는 애타게 봄을 기다렸다.
　그 아이의 가슴 속에도 벌써 추억이라는 게 있는 걸까. 아님 본능처럼 앵두가 열렸던 그 나무를 기억하는 걸까.
　종이컵에다 빨갛게 익은 앵두를 따서 쥐어 주면 씨까지 쏙 뱉아내고 이리저리 뛰어 다니며 먹는 모습이 신기하였다. 행복해 하는 아이의 모습을 바라보며 나는 또 다시 흐릿해진 과거로 돌아가며 긴 한숨을 내쉰다.

앵두알 속에 아버지의 모습이 어른거린다.
어릴 적 내가 살던 집에도 담 밑에 제법 큰 앵두나무가 있었다. 앵두가 익으면 아버지가 따서 그릇에 담아 준 빨간 앵두를 오물거리며 먹기도 하고 때로는 누가 더 씨를 멀리 뱉나 내기를 하기도 했다. 그러다가 어김없이 허공을 보며 생각에 잠기던 우리 아버지. 아버지가 가끔씩 내쉬는 긴 한숨의 정확한 의미를 그때는 알 리가 없었다.
북에 두고 온 부모 형제들, 갈 수 없는 고향에 대한 그리움 때문이라고만 생각했다. 아니면 아버지의 고향집 앞마당에도 있었다던 앵두나무에 대한 향수가 아버지의 여린 마음을 건드리는 줄 알았다.
그 깊은 한숨이 부모 형제 외에 또 다른 가족이 있었을 수도 있겠다는 상상을 해 본 것은 아버지가 돌아가시고도 한참 후의 일이었다.
보이는 것만 보고 믿는 내 단순한 성격 탓에 한 번도 그런 생각을 한 적이 없고 그런 의문을 품은 적도 물어 본 적도 없이 살았다. 아니 어쩜 진실이, 사실이 두렵고 인정하고 싶지 않은 마음에 모른 척 덮어 두고 묻어 두었을지도 모를 일이다.

세상에는 진실이라 할지라도 모르고 넘어가는 게 훨씬 좋을 때도 있다는 걸 어린 마음에도 이미 터득한 후였다.

아버지가 왜 그토록 꽃을 심고 가꾸는 일에 집착했는지, 단지 꽃이 예쁘고 아름다운 마음보다 앵두나무 아래서 맺어졌을지도 모르는 첫사랑에 대한 사무치는 그리움이었을지도 모른다. 사랑하는 여인, 혹은 가족들과 어떤 약속을 하며 헤어졌는지, 금방 돌아오겠다고 철석같이 약속하며 떠나왔던 갈 수 없는 그 먼 길에 대한 깊은 상처를 평생 안고 살았을 수도 있다.

앵두 가지가지에 붙어있는 송충이들을 핀셋으로 정성스레 잡아내면서 앵두알 하나도 소중하게 다루시던 우리 아버지. 그 진한 그리움을 감당하기에는 엄마와 우리들로는 부족하셨을까. 무심한 세월만 속절없이 흐르고 평생 응어리진 그리움을 가득 가슴에 안고 아버지는 떠나셨다. 어떤 이야기도 남기지 않은 채.

온 세상이 봄꽃 천지다.

요상한 날씨 탓에 때 이른 봄꽃이 그 앙증맞은 봉오리를 서로 앞 다투어 터트리는 진풍경이 연출되고 있다. 곳곳에 풍기는 봄의 향기는 다시금 갇혀있던 감성을 자극한다.

어쨌든 또 봄이다. 정말 올해는 봄을 제대로 맞고 싶었다.

잠시 정신을 놓고 있다가 밖을 휘둘러보니 며칠 새 온 동네가 울긋불긋하다. 집 앞 화단에는 서둘러 핀 순백의 목련꽃이 봄을 부르고 그 사이를 비집고 피어나는 키 작은 나무의 연분홍 앵두꽃이 수줍은 듯 매혹적이다.

　그러나 마음을 가다듬을 겨를도 없이 성급하게 와 버린 봄. 순서도 없이 한꺼번에 피었다가 벌써 휘청거리는 봄꽃들. 꼭 꽃이 아니더라도 곳곳에서 뿜어 나오는 아버지의 향기를 제대로 느껴보고 싶었다.

　갈 수 없는 곳이, 그게 무슨 고향이냐면서 푸념하던 아버지의 모습이 생생한데 북쪽 아버지의 고향집 앞마당에도 어김없이 꽃은 피고 지겠지.

　올해도 손자와 나는 앵두를 따서 먹을 것이고 앵두알 속에 비치는 아버지의 모습을 보면서 또 어김없이 긴 한숨을 내쉴 것이다.

　먼 훗날 꼭 만나고 싶은 사람. 이제는 편하게 가슴을 트며 모든 것을 이야기 하고 싶은 사람. 아파트 화단의 연분홍 앵두꽃을 보며 가슴 아리도록 그리운 사람. 아, 아버지.

어떤 일요일

 일요일은 아침부터 게으름을 피우고 싶다.
 바쁘게 움직여야 할 특별한 일이 없는 날은 이불 속에서 쉽게 빠져나오지 못하고 빈둥거린다. 아침 잠 없는 남편은 언제 일어났는지 밥은 언제쯤 먹을 수 있을까 하고 내 눈치만 살피는 것 같다. 평생을 밥만 하고 살았는데 하루 쯤 반기를 들어도 어떠리. 그냥 그러고 싶다. 계속 자는 척 하고 버티는데 기다리다 못한 남편이 나를 깨우며 밥 먹으러 가잔다. 그 말에 눈이 번쩍 뜨인다. 내 마음 같아서야 아침밥 좀 천천히 먹어도 되고 안 먹어도 상관은 없지만 한 끼 의무를 다 하려면 흔쾌히 따라가 주는 수밖에 없다. 아침을 김치찌개 집에서 기분 좋게 해결했다. 가끔 밥하기 싫을 때 가는 그 집은 찌개도 맛있지만 콩나물 무침과 무말랭이가 환상적이다. 차려 주는 밥 먹으니 어쨌든 맛있다. 한 끼 가볍게 해결하고 커피 한 잔으로 숨을 돌리니 어느새 점심때가 가까워 온다. 또 슬슬 걱정이다. "요 앞에 냉면 맛있던데 어때요?" 하고 물으니 안 간다고 할 수도 없는지라 "좋지." 하며 따라나선다. 냉면 한 그릇씩을 점심으로 때웠다. 먹는 데 10분도 안 걸린다. 밥 먹으면서 다정스레 할 말이 많은 사이도 아니다 보니 화난 사람들처럼 냉면 그릇에 고개를 박고 후루룩 먹어 치우고 또 집으로 들어 왔다.

어쩌다 보니 저녁때다. 먹기 위해 사는 건지 살기 위해 먹는 건지 혼란스럽다. 어쨌든 내친 김에 저녁까지 외식이다. 언젠가 남편이 동태찌개를 먹고 와서 맛있었다고 자랑을 한 적이 있었다. 직장 옆에 할머니가 하시는 식당이 있는데 그 할머니 요리 솜씨가 일품이란다. 질투 같은 심리에 한마디 거든 적이 있다.

"나도 커다란 솥에다가 무 세 개쯤 썰어 넣고 동태 열 마리 집어넣어 고춧가루 뿌리고 파, 마늘 듬뿍 넣어 푹푹 끓이면 그보다 맛있게 할 수 있어. 뭐든지 많이 끓이면 맛있더라 뭐."

그래, 오늘 저녁은 그걸로 해결해야겠다. 얼마나 맛있는지는 일단 먹어 봐야 아는 거니까. 결국 일요일 하루 세끼를 김치찌개, 냉면, 동태탕으로 들락날락하면서 밖에서 먹는 데 성공했다. 그런데 뭔지 모를 야릇한 죄책감과 미안함이 자꾸 나를 변명으로 끌고 간다.

　오늘 이 메뉴를 집에서 다 해먹었다면 어땠을까 생각해 본다. 아침에 김치찌개나 된장찌개를 끓이고 계란찜이라도 해서 먹는다고 생각했을 때 그것을 끓이기 위해 들어가는 재료를 생각해 봤다. 돼지고기, 두부 혹은 멸치, 호박, 감자, 고추 등 필요한 재료가 꽤 많다. 아무리 그때 먹을 것만 산다 해도 두 식구 먹기에는 무언가가 남기 마련이다. 먹다 남은 찌개도 버릴 수는 없다. 냉장실 냉동실은 언제 넣어둔 건지도 모를 음식물이 넘쳐 나고 먹기도 께름칙하고 버리기도 찝찝한 것들이 자꾸 쌓인다. 그게 너무 싫다.

　또 점심에 먹은 냉면은 어떨까? 면 삶아 씻어서 건져야지, 육수 내야지, 계란도 삶아야지, 오이, 당근 등 야채도 썰어야지 10분 먹기 위해 한 시간은 족히 수고를 해야 한다. 시간과 경제적인 것 모두 따져도 내 선택이 지혜로운 일인 것 같다.

　무 몇 조각에 동태 서너 토막 넣고 집에서 내가 끓인 찌개 맛은 또 얼마나 밋밋할까? 조미료를 넣었는지 아닌지, 어떻게 끓였는지는 모르겠지만 감칠 맛 나던 동태탕도 저녁 한 끼 충분한 식사가 된 듯하다. 세 끼를 꼬박 밖으로 돌면서 먹으니 뭔지 모를 성취감에 뿌듯하지만 밤새 좀 버겁다.

　언젠가 태국 여행에서 본 그 사람들의 모습이 생각난다. 그

나라는 더운 지방이어서 그런지 외식 문화가 꽤 발달해 있었다. 이른 아침부터 학생, 직장인, 주부 할 것 없이 밥을 먹기 위해 길거리로 쏟아져 나오던 모습들이 신기하면서도 부럽게 느껴졌던 적이 있다.

그렇다고 항상 나가서 식사를 해결하자는 것은 아니다. 오늘 같은 일은 아주 특별한 경우다. 두 식구만 달랑 있으니 밥하는 재미도 덜할 뿐 아니라 돈도 훨씬 더 들고 자꾸 남아도는 것 때문에 신경이 쓰일 때가 많다는 이야기를 하고 싶은 것이다.

어떤 기사에 실린 통계 자료에서도 두 식구가 밥을 먹을 때는 외식이 훨씬 경제적이라고 했다. 편한 것, 경제적인 것만 따져 밖에서 사 먹고 다니는 것이 나은 건지 그래도 정성이 들어간 음식이 좋다며 집밥을 고집해야 하는 건지 헷갈린다.

트럭 서점

쓰레기를 분리하던 중 분리수거함 옆에 노끈으로 얌전하게 묶어 놓은 책 뭉치가 눈에 띄었다. '닥터 지바고'라는 맨 위의 책 제목이 발길을 멈추게 한다. 잃어버렸던 것을 찾은 심정으로 힘겹게 노끈을 풀어 위에 있던 『닥터 지바고』와 그 아래 있던 단테의 『신곡』을 거머쥐었다. 수십 년은 된 듯 누렇게 바랜 종이와 세로 줄의 작은 활자. 뭔지 모를 진한 향수와 추억들이 퀴퀴한 곰팡이 냄새와 함께 찌릿하게 전해온다.

고등학교에 다니던 70년대 초기의 경제 사정은 누구 할 것 없이 그리 넉넉한 것은 아니었다. 부모님한테서 받는 용돈은 버스비와 보충수업 전에 매점 가서 빵 한 개 사먹으면 꼭 맞을 정도였고 참고서를 사는 것을 제외하고는 버젓한 서점에 들어가서 제대로 된 책 한 권을 산다는 것은 정말 엄두조차 내기 힘들었다.

　그 시절 학교에서 집으로 오는 중간쯤 되는 강변의 어느 극장 옆 모퉁이에 중고 트럭 한 대가 항상 서 있었다. 짐 싣는 칸을 천막을 치고 지붕을 만들어 책을 잔뜩 싣고 요일을 정해서 이리저리 굴러다니는 서점이었다. 우연히 알게 된 그 트럭 서점에는 내가 동경하고 읽고 싶어 하던 책이 꽉 차 있었다. 시험에 대비해 수업 시간에 제목과 지은이만 외워 둔 책, 선생님들이 가끔 이야기해 주시면서 권장했던 도서 목록들을 종이질과 활자가 선명하지 못하다는 이유로 반의 반값에 살 수 있다는 것은 너무나 신나는 일이었다. 그 트럭의 젊은 주인아저씨는 무질서하게 쌓아놓은 책 속에서 이름만 대면 신기할 정도로 원하는 책을 잘도 찾아내 주었다. 그 재미에 돈만 모아지면 가서 책을 사 모으곤 했다. 읽기보다는 사고 싶은 욕망이 더 컸던 것도 사실이었다. 삼국지 시리즈, 며칠 전 주워온 『닥터 지바고』, 『죄와 벌』, 『폭풍의 언덕』 등을 사는 것만으로도 이미 문학소녀의 대열에 선 듯한 착각을 느끼면서 한동안 책 사 모으기에 집착했었다. 이제는 더 이상 제목과 저자만 알고도 그 책을 반 이상 읽은 척하는 간 떨리는 일은 하지 않아도 되니 얼마나 좋은 일인가? 대입 예비고사 날이 바짝바짝 다가와 1초가 아까운 시간에도 트럭 서점 들르기는 계속되었고 책꽂이에 꽂아놓고 늘어나는 책들을 쳐다보는 것만으로도 짜릿한 희열을 느끼곤 했다. 『삼국지』를 읽으면서 어렴풋하게나마 삶의 지혜를, 『데미안』을 읽으면서 우정을 배웠고 밤새 책에서 외워둔 글귀를 누군가에게 보내는 편지에 인용하면서 사람이 사람을 사랑하는 방법을 알아내기도 했다. 그때의 그 아날로그적인 감성은 아직껏 살아 꿈틀거려 대형 서점을 가끔 찾지만 그때의 그 정취는 당연히 없다. 편하고 싼 맛에 읽고 싶은 책이 있으면 인터넷으로 가끔 사서 읽는 게 고작이다 보니 서점을 배회하면서 골라 사오는 재미는 이제 아득하기만 하다.

그렇게 온 열정과 전 재산을 바쳐 사 모은 책들이 언젠가 사라지기 시작했다. 버리는 것에 익숙한 성격은 아니지만 그 책들을 끼고 있어야 할 더 이상의 필요성을 느끼지 못했고 질 좋고 선명한 활자, 읽기 좋게 변해 가는 가로줄의 신식 책들에 의해 점점 구석으로 밀려나면서 그들이 차지하고 있을 공간도 점점 줄어들었다. 밤새워 읽으며 공유하던 사랑도 부질없음을 느끼면서 나는 그 책들을 과감하게 버렸고 동시에 그들도 나를 외면하며 떠나갔다. 며칠 전 분리수거함 옆에서 발견했던 그 책 뭉치와 같이 노끈에 묶인 채 어느 모퉁이를 배회했으리라. 그리고 수많은 세월이 흐른 지금 버려진 책들을 다시 주워온 그 심리는 무엇이었을까? 그 옛날 내가 버린 그 책들을 다시 찾은 느낌이었을까? 누렇게 변질된 종이, 깨알 같은 크기의 활자에 세로 읽기의 그 책을 새삼 읽을 자신은 없다. 그때나 지금이나 읽기보다는 가지고 싶은 욕망이 더 큰 참으로 이해 못할 이 심리. 나를 떠난 것, 내가 버린 것에 대한 미련과 애착 때문이었나? 넘칠 것도 모자람도 없이 그냥 그렇게 살아가는 지금의 삶과 책 한 권도 간절해서 트럭에 매달려 있던 그 시절의 내 모습에서 상반되는 묘한 심리가 작용한다. 책꽂이에 꽂혀있는 두 권의 책이 추억의 저편에서 나를 빤히 쳐다보고 있는 듯하다.

아날로그가 좋아

 '타다닥' 벼 타작하는 소리가 들리면서 손가락 세 개가 피범벅이 됐다.
 순식간에 일어난 일이라 피할 틈도 없었다. 무슨 청승에 30년이나 된 선풍기를 끼고 사는지 모르겠다. 뒷면 보호망의 철사 줄이 삭아 몇 개나 끊어져 돌아가고 있는 선풍기를 무심코 옮기다가 끊어진 사이로 손가락 세 개가 들어가 날개에 부딪치고 말았다. 아픔을 느끼기에 앞서 손에 난 상처와 흐르는 피를 보고 놀란 나머지 어찌할 줄 몰라 소리만 질러댔다. 손톱도 날아 가 버렸다.
 딸애가 놀라 뛰어나와 나보다 더 소리를 질러댄다. 이해할 수 없는 상황으로 여기며 어떻게 애도 아닌 어른이 선풍기에 손을 집어넣었냐고 난리다. 내가 그러고 싶어 그랬겠냐고 저

선풍기 꼴을 좀 봐라, 손 안 다치게 생겼냐는 등 본질과는 완전히 빗나간 말씨름을 했다. 딸이 응급 처치를 해 주어 손가락 세 개를 붕대로 칭칭 감았다.

  그것도 오른손이 그렇게 되니 오른손잡이인 난 아무것도 할 수 없었다. 당장 글도 못 쓰고 손을 씻을 수도 밥을 할 수도 청소를 할 수도 없었다. 쑥쑥 아리는 통증과 더불어 더운 날씨에 곪지나 않을까 염려를 하며 한 해 여름을 고통스럽게 보냈다. 핑계 김에 아무것도 하지 말고 버텨보자며 손을 싸매고 누워 있었지만 그것도 하루 이틀이지 더운 여름에 답답해서 죽을 것 같았다.

  내 손의 수난은 그것뿐만이 아니다. 유난히도 손을 많이 다친 기억이 있다. 학교 다닐 때도 연필을 깎다가 내 손을 수없이 썰기도 하고 책가방에 넣은 도시락 김칫국물이 새어 나와 책에 스며든 김치 자국이 너무 싫어 자를 대고 책을 자르다가 손가락을 자를 뻔하기도 했다. 식사 준비 중에도 고기가 부족했던지 손가락을 썰어 보태는 일도 잦을 만큼 항상 어설픈 행동 때문에 내 손이 적잖은 수난을 당했다.

  손가락 하나만 다쳐도 정말 아무것도 할 수 없는 상황에서 손의 귀중함을 다시 생각해 본다.

  손만큼 신비로운 기구가 또 있을까. 손을 움직이면, 손이 사용되면 마법처럼 모든 일이 척척 이루어진다. 집안일을 하면서도 항상 느낀다. 어질러져 있던 집안도 이리저리 손만 대면 금세 깨끗해지고 환해진다.

다시 손으로 하는 일이 유행하며 인기를 끌고 있다. 손글씨, 손편지, 손일기, 손 수놓기, 손빨래, 손바느질, 손칼국수, 손수제비등 기계문명에 저만치 밀려났던 것들이 다시 돌아오고 있다.

누구 할 것 없이 펜과 종이 대신 자판을 두들겨 댄다. 마치 그러지 않으면 시대에 뒤떨어지는 듯한 느낌이 들기도 하듯이 필기구, 공책, 바늘, 실, 칼국수 만들 때 미는 밀대 등 모든 것을 한쪽으로 밀어내버렸다.

나 역시 펜도 종이도 편지지도 일기장도 다 팽개쳐 버리고 우쭐대며 컴퓨터 자판을 두들겨댔다. 편지도 일기도 다 자판에 의존하며 이메일 쓰는 재미 등 편리하고 빠른 맛에 점점 길들여져 갔다. 빠르게 할 수 있고 쉽게 볼 수 있는 편리함 때문에 언제부터인가 스케줄도 휴대전화에 입력했다. 항상 가지고 다니기 때문에 언제 어디서나 쉽게 확인 할 수 있고 졸필이든 악필이든 아무도 눈치 채지 못하는 등 이점이 많은 것은 사실이었다.

빨래도 세탁기가 무조건 도맡았고 손으로 직접 반죽해 뚝뚝 떼어내어 끓여 먹던 구수한 수제비의 맛도 잊은 채 기계로 대

량 생산된 제품을 사다 먹는데 익숙해졌다. 하지만 아무리 편하고 빠른 매력이 있다 해도 그것들에서는 나만의 개성도 없고 색깔과 향기를 도무지 느낄 수 없었다. 드르륵 하고 기계에 박아버리는 것보다 한 땀 한 땀 정성을 들이다 보면 그 속에 내가 보이고 나를 느낄 수 있었고 작은 것 하나도 참 소중하고 애착이 갔는데.

다시 메모지를 가까이 하고 수첩도 잊지 않고 챙긴다. 스케줄도 휴대 전화 대신 수첩에다 옮겨 적고 메모 하는 등 될 수 있으면 손을 이용해 글씨를 써 보려고 노력한다. 어차피 우리가 느끼는 대부분의 감각들은 디지털이 아닌 아날로그이며 디지털의 본체도 따지고 보면 사람의 손인 것이다.

빛의 속도로 빠르게 돌아가는 디지털의 세상을 따라가기가 버거울 때는 아날로그를 고집할 수밖에 없다. 우주에 먹을거리가 배달되고 곧 우주를 관광할 수 있는 시대가 열리는 등 믿기지 않는 세상이 온다 해도, 낡아서 줄이 끊어진 선풍기를 여전히 버리지 못하고 까만 고무줄로 칭칭 감아 다시 사용하며 살고 있는 나는 아무리 발버둥을 치며 흉내를 내 보지만 어쩔 수 없는 아날로그 세대인 것이다.

봄날은 간다

 '마지막 이별 또한 삶처럼 아름답기를'이라는 문구가 가슴에 와 닿는다.
 어느 봄날 월요일 아침 수필반 수업의 연장으로 반가운 얼굴들이 모여든 영화관. 영화보다 가슴 시린 문구가 적힌 영화 포스터에 마음이 끌렸다.
 끝 장면을 장식한 소리 없이 내리는 봄눈을 바라보는 가족들의 모습이 이 영화의 모든 것을 말해주듯 평온하다.
 6개월 시한부 암 선고를 받고 가족과의 이별을 준비하는 그녀를 보며 나를 되돌아본다. 누구도 예외가 될 수 없으며 언제든 찾아올 수도 있는 일이기에 문득 위기감이 찾아든다. 너무도 완벽하고 차분하게 삶을 정리하는 모습에서 나라면 저 상황에서 어땠을까 하는 생각을 잠시 해 봤다. 마지막까지 가족을 위해 희생하는 그녀를 보며 사실 그것이 현실에서 가능하기는 한 걸까 하는 생각도 들었다.

암 투병이라는 것이 영화처럼 우아하지도 고상하지도 않을 것이다. 주위에서 암투병하는 환자들을 몇 명을 지켜봤지만 고통스러운 항암치료, 반복되는 입원, 퇴원에 제 몸 하나 가누기도 힘든 상황에서 가족을 배려하는 엄마, 아내, 자식의 자리는 차라리 버겁기까지 했다. 하지만 작품성이나 평범하고 진부한 스토리의 전개는 일단 접어두자.

그들은 죽음, 헤어짐을 통해 가족을 사랑하는 법을 배우고 인생을 알아간다. 평생 속 한 번 안 썩이고 언제나 엄마를 챙겨주는 착한 자식이든 철없는 사고뭉치 자식이든 그들을 사랑하는 엄마의 마음은 한 치도 다를 바 없고 그들 역시 엄마를 바라보는 속마음은 같을 것이다. 자식이 여럿이면 유난히 아픈 손가락이 있기는 있다지만 결국 자식에 대한 마음은 한 치도 다를 게 없을 것 같다. 그 자식들이 그녀가 지금껏 살아 온 이유이니까.

손 하나 까딱할 줄 모르는 무능력한 남편도 목에 걸린 가시다. 원망스럽기도 하고 밉기도 하지만 안타까운 마음에 편히 눈을 못 감을 것 같아 그녀가 없는 공간에서도 살아남는 법을 가르친다. 밥하는 법, 빨래하는 법, 생계를 꾸릴 수 있는 최소한의 대책까지 마련해 준다.

　자식이나 남편이 그녀의 죽음을 슬퍼하는 것보다 더 슬픈 것이 있다. 험한 길 너 혼자 가게 해서 미안하다며 애써 담담함을 보이면서 자식을 먼저 보내야 하는 엄마의 무너지는 가슴이다. 저리는 가슴을 몰래 하고 아무 일도 없는 듯 마지막으로 닭볶음탕을 끓여주던 모습이 더욱 큰 슬픔으로 남는다. 자식을 가슴에 묻는 엄마의 심정은 어떨까. 그 가슴에 진 응어리는 죽는 날까지 풀리지 않은 채 남몰래 가슴을 쥐어뜯으며 소리 없는 울음을 꺼이꺼이 삼킬 것이다.

　자식들에게는 엄마로, 엄마에게는 자식으로 이어지는 아름다운 인연. 세상 그 무엇이 엄마와 딸처럼 온전한 내 편이 있을까?

　언제 들어도, 다시 불러도 가슴이 촉촉해지는 엄마라는 단어가 있기에 '봄, 눈'이라는 영화는 나를 되돌아보기에 좋은 시간이었다.

　딸에게는 항상 삶의 버팀목이 될 수 있는 엄마, 엄마에게는 마지막 순간까지 힘이 되는 딸로 남을 수 있었으면…

　그녀가 엄마와 함께 부르던 '봄날은 간다'를 흥얼거리면서 엄마 목소리를 듣기 위해 수화기를 든다.

장밋빛 도시 페트라

　한낮의 불같은 태양이 머리 위에서 이글거리고 있고 붉은 빛을 띤 사막의 산들이 금방 녹아내릴 듯하다.
　갈 길은 먼 데 이 더위에 저 곳까지 어떻게 가야 할지 막막하다.
　5월 초 중동의 날씨는 인내심을 발휘해야 견디는 살인적인 더위였기 때문에 아침 일찍 서두르지 않으면 더위 때문에라도 다니기가 힘들다.
　페트라로 가기 위해 아침 일찍 숙소를 나섰다. 아무리 서둘러도 하루에 페트라를 다 보기는 불가능했지만 최선을 다 할 수밖에 없었다.
　장밋빛 붉은 도시 페트라. 중동 최고의 유적지 요르단의 페트라로 가는 내내 마음이 설렌다. 중동 여행은 페트라를 보기 위해서 가는 것이라고 앞서 경험한 이들이 말했다. 나 역시 페트라로 오기 위해 많은 사연과 아픔을 겪으면서 이 길고 험한 여정을 택했다. 어떤 광경이 나를 기다리고 있을까. 그 기대에 갑자기 조바심이 나며 타는 듯 심한 갈증에 물 한 모금을 마신다.

깊고 좁은 협곡 사이를 조심조심 지나간다. 높은 빌딩 숲을 지나가듯 시원한 그늘이 만들어져 한숨 돌린다.

깎아지른 바위 틈 사이로 신비스러운 길이 나온다.

길고 긴 시크가 끝나는 순간 갑자기 눈앞이 탁 트이며 바위 절벽을 파서 만든 알 카즈네가 나타난다. 어느 왕의 무덤이라는 알 카즈네는 속은 텅 비어 있다고 하고 영화 인디아나 존스의 촬영지로 유명하다. 영화 속 그 신비의 성전과 협곡들이 그대로 눈에 들어온다. 현실에서도 영화 속의 한 장면을 보는 듯한 착각에 빠진다. 아니 내가 지금 지구 밖 어느 다른 행성에 와 있는 것 같은 착각이 든다.

경이로운 핑크빛 신전 앞에서 수많은 관광객들이 감탄하며 할 말을 잊고 서 있다. 요르단 지역을 지배하던 나바티안족의 수도로 깊은 협곡 속에 숨어 있어 더욱 신비롭게 느껴진다. 지진 등 자연재해로 땅 속에 묻혀 천년이 넘는 세월을 지내다가 어떤 탐험가에 의해 발견되어 모습을 드러낸 지는 몇 십 년에 불과하다고 했다. 거주시기와 발견된 시기, 묻혀있던 기간 등

장밋빛 도시 페트라 · — 163

을 보면 새로운 세계 7대 불가사의 중에서도 가장 문화유산 가치가 높은 유적으로 선정되기도 했다고 한다.

요르단 전통 복장을 한 상인이 절벽 난간에 아슬아슬하게 누워 손님들을 맞이하는 이색적인 모습에 웃음이 나온다. 보기보다 참 낙천적인 사람들이다. 전쟁의 틈바구니에 끼어 이리저리 치여 사는 사람들 같지 않게 밝고 순수하다.

페트라의 명물 중 하나인 모래 그림. 작은 유리병 속에 색색의 모래를 붓고 낙타 그림 등 정교한 모양을 만들어내는 게 신기해 몇 개를 사기도 한다.

걸어가는 사람, 낙타를 타고 가는 사람 등 여러 수단 중 하나를 선택했고 나는 나귀를 택해 등 위에 올랐다. 그것도 쉽지 않아 나귀는 자꾸 옆길로 새려고 하고 겁에 질린 나머지 내려 달라고 소리 질러 결국은 걸어서 꼭대기까지 올라갔다. 저 멀리 바위 사이로 틈이 벌어질 때마다 투영되는 빛들이 아름다움으로 다가온다. 네크로 폴리스, 원형극장, 옛 장터와 공중목욕탕 등을 하루에 섭렵하기는 턱없이 부족했지만 아쉬움을 조금이라도 덜 남기기 위해 이리저리 뛰다 보니 더워서 목이 타고 다리가 아팠다는 게 가장 기억에 남는다.

석양에 붉게 물들어가는 사막의 산들과 황혼의 모든 사원을 바라본다.

오이와 토마토를 지겹게 질근질근 씹으며 허기를 달래던 생각이 긴 여운으로 남기도 하지만 여행 중에 지나쳤던 그 길, 그 사람들, 흐드러지게 피어있던 이름 모를 꽃들에 문득 그리움이 솟구친다.

페트라를 볼 수 있었던 것이 좋았고 안 좋았고 보다 그 상상조차도 되지 않는 불가사의가 감탄사를 제외하면 어떤 설명도 부족했다는 것이다.

그 거대한 대자연 앞에서 안달 부리는 우리 인간의 삶이 얼마나 짧고 부질없는 일인가 생각한다. 지나친 욕망, 나를 낮추지 못함으로 수많은 상처를 주고받으며 살아가는 우리네들. 여행을 통해 다시금 겸손을 배운다. 더 많이 참고 이해하면서 살아가야겠다. 여행 또한 삶의 부분일 뿐 낭만이 아닌 엄연한 현실이다. 잠시 잊을 뿐이다. 그래서 더 많은 현실과 부딪힐 때도 많다.

결국 여행은 낯선 곳, 낯선 사람을 만나는 것이 아니라 그것들을 통해서 나를 발견하고 나를 만나는 시간이다. 그래서 여행을 한다.

유채꽃 피던 오베르

그 길에 들어서는 순간 가슴 깊숙한 곳에서 무언지 모를 뜨거운 것이 올라오면서 눈물이 왈칵 쏟아질 뻔했다.
기대하지 않은 곳에서 그 이상의 감동을 선물 받은 기분이다.
고흐가 생의 마지막을 보낸 작은 시골 마을, 오베르 쉬르 우아즈 눈부신 햇살과 맑은 하늘, 때 맞춰 솔솔 불어오던 실바람에 설렘이 가득하면서도 뭔지 모르게 쓸쓸해 보이던 그 길목, 그 길에서 나는 왜 로버트 프로스트의 「가지 않은 길」을 떠올렸을까?
노란 숲 속에 난 두 갈래 길은 아니었지만 노란색으로 뒤덮인 유채꽃밭을 지나 그 길에 들어 선 순간 저 길 끝에는 뭐가 있을까 하는 호기심은 언젠가 다시 찾은 오베르에서 시간에 쫓기지 않고 단 며칠이라도 느긋하게 그곳을 즐길 수 있기를 꿈꾸게 했다.

끝없이 넓은 벌판에 때마침 유채꽃이 흐드러지게 피어 바람에 산들거리니 언젠가 본 제목도 제대로 기억나지 않는 영화의 한 장면이 떠오르며 그 주인공이 된 듯 착각에 빠진다.

유난히 노란색에 집착하던 고흐를 기리기 위해 까마귀 날아들던 밀밭을 유채밭으로 바꾼 그 벌판은 온통 노란색 꽃 천지다.

오베르 성당 앞 발밑에서 꼼지락거리는 민들레를 시작으로 수선화, 황색 매화, 펜지 등 노란색이 장관을 이룬다. 노란색만 눈에 띄니 나도 모르게 노란색에 집착하게 된다.

담벼락 밑에 생뚱맞게 피어있는 한 그루의 개나리꽃도 한 몫을 한다.

고흐는 왜 일생 동안 해바라기를 수없이 많이 그렸을까 하는 의문은 그의 발자취를 따라 노란색으로 뒤덮인 그 길을 걸으면서 조금씩 알게 되었다.

밝고 강렬한 태양의 빛깔을 닮은 해바라기의 노란 빛을 좋아했던 고흐.

제목만으로도 가슴이 요동치던 '아를의 별이 빛나던 밤'. 정신병원에 가기 전 자기의 모습을 그린 자화상과 생을 마감하기 직전 뼈만 앙상하게 남아 있던 고흐의 동상 등은 그의 열정과 고뇌를 고스란히 옮겨 놓은 것 같다.

여행은 언제나 그랬듯이 어디를 가든 설렘으로 다가온다.
4월에는 어디라도 뛰쳐나가야 살 것 같은 이 마음. 4월이 되면 가방을 싸야 하는 이 고질병은 언제쯤 끝이 날지.
다행히 예나 지금이나 마음 맞는 좋은 친구들이 있기에 이번에도 기쁘게 떠날 수 있었다. 젊을 때처럼 자신 있게 떠나지는 못하더라도 이렇게 함께할 수 있는 것에 감사하며 끝까지 좋은 기억을 공유하기를 바랄 뿐이다.
나이 먹는 것이 때로 마음을 바쁘게 하고 또 안타깝기도 하지만 내 말보다는 남의 말에 귀 기울일 줄 아는 사람이 되리라 마음먹으며 또 길을 떠난다.

20년 만에 다시 찾은 파리는 내게도 향수 같은 거였나 보다.
잊은 듯 무심하게 살다가도 문득 아련한 그리움으로 다가오는 첫사랑과 같은 모습. 오랜만에 찾았는데도 전혀 낯설지 않은 고향처럼 파리는 내게 그런 모습이었다.
20년이 지났음에도 어쩜 그렇게 변한 것이 하나도 없는, 정지된 필름과도 같았던 그 도시. 극과 극이 함께 어우러진 이 도시에 또 마음을 빼앗겨 버린다. 오르세미술관에서 우리가 익히 알던 후기 인상파 작가들의 황홀했던 그림에 감탄하고 짧게 주어진 시간에 아쉬워하며 그곳을 나왔을 때 헝클어진 금빛 머리에 아무렇게나 옷을 입고 활보를 하는 젊은이들에게서까지 내 삶에서 느끼지 못한 새로운 매력에 빠진다.

생각지도 않던 파리 여행이 베네룩스 3국을 무색케 한다.

이번 여행의 주가 베네룩스이고 파리는 거쳐 가는 도시인 줄만 알았는데 파리에서의 여운이 이토록 남는 것은 잊고 있었던 옛 고향의 변하지 않은 모습에서 느끼는 반가움 같은 것이었을까.

엘리베이터도 고장 나 움직이지 않고 열악했던 호텔에서의 악몽이 파리에서의 꿈을 짓밟아버리는 게 아닌가 생각했지만 주전자 하나도 없는 호텔방에서 사려 깊은 친구가 챙겨 온 전기 포트에 물을 끓여 컵라면도 먹고 커피도 마시며 황당함을 눌렀던 그 기억마저도 그곳이 주는 매력으로 슬금슬금 다가온다.

오랜 시간이 지남에도 변함없이 그곳을 지키고 있던 에펠탑과 개선문, 세느강의 운치와 샹제리제 거리의 화려함.

몇 바퀴를 돌면서 보고 또 봐도 지겹지 않았던, 지금도 눈에 선한 풍경들이다.

일상에 지치고 힘이 드는 어느 날, 선물처럼 다가와 가슴 뛰게 했던 오베르의 봄을 생각해 내며 잠시 위로받으리라 마음먹으면서 익숙한 우리의 봄으로 발길을 돌린다.

4.
사막에서 별을

해질 녘 툇마루는 하루 중 가장 편안한 시간이기도 했다. 가족들이 한데 모일 수 있었던 유일한 시간. 해질 녘 감빛으로 물들어 가는 노을과 온갖 꽃들이 어우러져 아름다웠던 그 시간들은 이제는 과거 속에서만 흘러 다니는 추억이 돼 버렸다.

해질 녘 툇마루

  모처럼 인사동에서 문우들이 뭉쳤다.
  점심식사 후부터 벌어진 맥주 파티가 저녁까지 이어진 것이다. 마침 모두가 다 시간을 낼 수 있었고 쓴 소리 단 소리 끝에 시간 가는 줄 모르다 보니 해질 녘쯤 한 문우의 추천으로 '툇마루'라는 인사동의 밥집을 찾아갔다. 빡빡하게 끓인 된장에 밥을 비비고 파전과 함께 먹는 맛이 별미였다. 나름 유명한 집인지 아니면 툇마루라는 이름이 사람들의 감성을 건드리는 것인지 사람들이 꽤 붐볐다. 어슴푸레 어둠이 찾아 들고 술(戌)시가 술 주(酒) 자로 둔갑하면서 막걸리 잔이 바쁘게 오고 갔다. 戌시는 술 마시는 시간이라는 엉뚱한 논리를 펴며 마치 戌시가 되기를 기다리기나 한 듯이 문우 여섯 명이 부딪치면서 비워낸 막걸리 주전자가 다섯 개는 될 듯했다.

어느새 연륜도 꽤 깊어 가족 같은 문우들과의 자리였기에 부담 없이 막걸리 잔을 부딪치며 홀짝홀짝 들이켤 수 있었다. 막걸리 맛이 그처럼 좋은 줄은 예전에 미처 몰랐다. 별 주제도 없이 요점도 없이 여섯 명이 떠들어대는 소리는 그저 웃음으로 마무리 되고 그 시간이 또 어떤 허탈함으로 남는다 해도 상관없었다. 내일이 되면 이 시간들이 소중한 추억이 되어 모두의 가슴에 남을 것이기 때문에.

오랜만에 걸어보는 인사동 밤거리가 온갖 불빛과 사람들로 아름답다. 술 취한 세상은 이처럼 다 느긋하고 정겨운 것인가. 술이 술을 먹는다고 하더니 분위기에 취해 맛에 취해 홀짝홀짝 마신 막걸리가 전철을 타는 순간 취해 오르기 시작했다. 얼굴이 벌겋게 달아오르고 머리도 지끈거린다. 용케 난 자리에 앉아 옆 사람에게 술 냄새를 풍길까봐 걱정이 돼서 입을 틀어막고 눈을 감으며 눈치를 봤다. 모두들 휴대폰 만지작거리기에 집착하며 나에게는 신경을 쓰지 않는 것 같아 다행이었다. 하기야 두 번 볼 사람들도 아닌데 무슨 상관이람. 집까지 오긴 했지만 다음 날까지 괴로워할 정도로 술병이 단단히 났다.

해질 녘 툇마루는 어린 시절 나에게도 많은 추억을 남겼다. 서쪽 하늘을 빨갛게 물들인 해가 뉘엿뉘엿 넘어 갈 때면 왠지 쓸쓸해지고 마음이 불안해 지던 어린 시절, 엄마가 보이지 않을 때면 툇마루에 쪼그리고 앉아 엄마가 돌아오기를 기다렸다. 그 짧은 시간들이 참으로 길게 느껴졌던 것은 행여 엄마가 어디로 가버리고 영영 돌아오지 않을까하는 불안이 잠깐이나마 엄습하곤 했기 때문이다. 해질 녘 엄마가 없는 집, 특히 엄마가 없는 부엌은 정말 어둡고 냉기가 흘렀다. 신기하게도 엄마가 있어서 연기를 피우고 김을 올려야 비로소 훈훈해지고 따뜻해지던 부엌이었다. 항상 붙박이처럼 존재하던 엄마가 아버지와 말다툼이라도 하고 나간 날이면 동생들을 툇마루에 걸터앉히고 엄마를 대신하며 동요를 불러주던 어린 소녀의 모습이 추억처럼 겹쳐진다. 하지만 곧 찾아 올 어둠이 무섭고 엄마가 영영 돌아오지 않으면 어쩌나 하는 두려움은 철없던 동생들보다 그 소녀가 더 컸을지도 모른다.

해질 녘 툇마루는 아버지를 기다리던 곳이었다. 유난히 아버지에 대한 애정과 집착이 깊었던 나는 엄마가 섭섭할 정도로 아버지하고만 친했다. 해가 지고 나면 아버지의 부재는 두려움 자체였다. 아버지가 대문을 열고 기침소리를 내며 들어 와야만 마음이 놓여 밥도 먹고 숙제도 할 수 있었다. 그렇듯 모범생 같은 아버지가 어쩌다가 1년에 몇 번이라도 늦게 들어오시는 날엔 아무도 몰래 빠져나와 툇마루에 걸터앉아 아버지를 기다렸다. 아버지와 나는 서로 크게 표현은 못하는 비슷한 성격이었지만 서로의 눈으로, 마음으로 애틋한 마음을 주고받았다.

해질 녘 툇마루는 하루 중 가장 편안한 시간이기도 했다. 가족들이 한데 모일 수 있었던 유일한 시간. 해질 녘 감빛으로 물들어 가는 노을과 온갖 꽃들이 어우러져 아름다웠던 그 시간들은 이제는 과거 속에서만 흘러 다니는 추억이 돼 버렸다.

해질 녘 창가에 섰다.

감당할 수 없는 가슴 시린 시간이다. 말 못할 아쉬움을 가득 담고 있는 듯한 저 붉은 노을, 나 역시 가슴을 파고드는 아쉬움에 고개를 떨군다.

빨간 보자기의 변신

엄마는 손재주가 남달랐다.

나는 왜 그 재주를 물려받지 못했을까?

눈썰미가 보통이 넘는 엄마는 뭐든지 한 번만 보면 만들어내는 재주를 가졌다. 손끝이 야무져 뜨개질도, 바느질도, 음식 만드는 것까지도 보기만 하면 척척 해내는 엄마가 내 눈에는 내내 신기했다.

일찌감치 내 주제를 파악한 나는 무리해서 엄마를 따르고 싶은 마음은 없었다. 몇 번의 시도 끝에 나 자신을 알고 애초에 내가 내린 결론이다.

중, 고등학교 시절에는 교실에서 뜨개질이나 수놓기를 유행처럼 했다. 호기심에 친구들이 하는 것을 다 따라 하기는 했지만 무엇 하나 남들처럼 반듯하게 잘 되지 않았다.

겨울이 돌아오면 친구들과 쉬는 시간이나 점심시간에 모여서 짠 벙어리장갑조차도 한 쪽이 쪼그라들고 비뚤어지는 등 어딘지 모르게 남들과 차이가 났고 예쁘게 되지 않아 나는 일찌감치 포기하는 게 낫겠다는 마음을 먹은 적이 있다.

엄마도 내가 하는 것마다 다 마음에 차지 않는 듯 한숨을 내쉬며 내가 해 놓은 뜨개질을 좔좔 풀어버리는 등 어린 나에게 상처 아닌 상처를 주기도 했다.

어린 마음에도 잘 하도록 차근차근 설명해 주고 가르쳐 주지 왜 저럴까 하는 안타까움은 늘 있었다. 다 똑같이 잘 할 수는 없는데 말이다.

며칠 전 엄마 생신이라서 친정에 다녀왔다. 노인네 혼자 사는 집이 심란했다. 뾰족한 해결책도 없고 답답한 마음만 눌렀다.

혼자 있는 무료한 시간을 보내는 방법인지 아니면 떨어진 양말 한 짝도 버리지 못하는 평생의 습관 때문인지 온갖 바느질거리가 잡동사니처럼 쌓여있다.

멀쩡한 수건도 양쪽 끝을 잘라 수실처럼 빼 놓고 구멍난 양말도 여러 켤레를 모아 네모로 펴서 넓적하게 걸레를 만드는 등 전부 꿰매고 붙이고 잇기를 되풀이할 물건들이다. 내 마음 같아서는 싹 갖다 버렸으면 좋을 그 물건들을 눈도 잘 안 보이면서 왜 이러고 있냐고 잠시 실랑이를 벌였다.

 기분이 좋지 않아 시무룩해 있는데 잠 잘 때가 되니 엄마가 나에게 빨간색 베개 하나를 던져 줬다.
 베개가 묵직한 게 속에 무슨 알맹이가 들어 있는 것 같다. 뭔지 몰라도 소리도 시원하고 느낌이 좋았다. 베고 누웠더니 머리에 닿는 촉감도 편안해서 이게 뭐냐고 물었다. 다름 아닌 매실 씨였다.
 매실청을 거르고 난 알맹이를 하나하나 갈라서 씨를 발라내고 매실은 고추장 장아찌를 만들어서 밑반찬으로 먹고 발라낸 씨도 아까워 버리지 못하고 물에다 깨끗하게 씻어 건져서 며칠을 햇볕에 말렸다고 한다.
 굴러다니는 빨간색 보자기로 베개를 만들어 그 속에 매실 씨를 넣어서 양쪽 끝에 엄마 나름의 장식도 예쁘게 달아 놓으니 세상에서 하나뿐인 훌륭한 베개가 탄생한 것이다.
 언젠가 매실청을 뜨고 난 찌꺼기를 귀찮은 마음에 쓰레기통에 버렸다가 양심의 가책을 받아 곤욕을 치른 적이 있는 나와는 너무나도 대조적인 엄마의 살아가는 방법이다.

 명절이나 특별한 날 선물로 묻어 들어 온 보자기가 수도 없이 많다. 과일, 생선, 고기, 떡 등 무슨 선물이든 보자기에 싸는 것이 정성도 있어 보여 많이 쓰이는 듯하다.

빨강, 분홍, 황금색 등 버리지 못해 쌓아 둔 보자기가 지천이다. 나한테 있어 봐야 무용지물인 보자기들. 엄마 손에 들어가면 보자기 하나하나가 또 어떤 명품으로 탄생이 될지 기대되는 일이지만 노모에게 일거리만 안기는 것 같아 선뜻 보따리를 갖다 내밀 수도 없다.

하여간 예쁜 거 좋아해 이불 한쪽 귀퉁이에도 수를 놓고 보자기로 베개를 만들며 사는 엄마의 재주가 가는 세월에 묻혀 아까운 생각이 든다.

콩잎과 호박잎

　친구가 요양원에 계신 어머니를 면회 가기 위해 예전에 어머니가 좋아하시던 음식을 만들었다고 했다. 순간 궁금증이 일었다. 구체적으로 무슨 음식인지 물어봤으나 친구는 끝내 정확하게 뭘 만들어 갔는지는 말해 주지 않았다.
　우리 엄마는 어떤 음식을 가장 좋아하실까? 엄마가 요양원에 계신다면 나는 과연 엄마를 위하여 무슨 음식을 해 갈까? 하고 심각하게 생각을 해 봤다. 호박잎이나 콩잎에 쌈 싸 드시던 모습, 더운 여름날이면 밥을 물에 말아서 오이지 베어드시던 모습 그것 외에는 더 이상 떠오르지가 않는다. 여름철에 가장 구하기 쉬운 재료들이다. 지금도 마찬가지지만 많은 식구들 챙기시느라 건더기 다 빠져 나간 찌개 국물이라도 남으면 거기다 밥 한 술 뜨면 그만이었던 한평생의 삶이 엄마가 뭘 좋아하실까 하는 원초적인 질문조차 막막해지는 불효녀로 만들어버린 것이다.

　저걸 무슨 맛으로 먹을까? 어린 시절의 나의 눈에는 이상하게만 보였던 그 음식들, 정작 거들떠보지도 않았던 그 음식들이 어린 날의 향수와 함께 슬금슬금 다가왔던 것은 그리 오래된 일은 아니었다. 엄마를 떠올리며 엄마가 했던 그대로 밥 위에 호박잎을 찌고 온갖 양념을 넣어 살짝 절여진 콩잎을 된장에 싸 먹는 재미가 솔솔 붙은 것이다. 가을이 되면 낙엽처럼 노랗게 물든 콩잎을 김치 양념해서 만든 장아찌도 어느 음식과도 비교할 수 없는 추억의 반찬이다. 해마다 엄마가 보내 주신 콩잎 장아찌도 내 입에만 맛있었던 것인지 식구들에게 먹어 보라고 통 사정을 해도 시큰둥하기만 했다. 이렇게 맛있는 걸 왜 안 먹느냐고 아이들한테 원망을 했지만 나는 그때 단순히 콩잎을 먹은 게 아니라 그 안에 들어있는 추억과 그리움을 먹고 있었던 것이다. 그때마다 엄마를 생각한다. 과연 이게 맛있기만 해서 드셨을까? 습관이었을 것이다. 한 해 두해 십년 이십년 지나는 사이 엄마의 입맛은 아무것도 좋아하는 게 없어지고 기호 대신 단순하고 흔해 빠진 음식에 익숙해졌던 것이다.

　한 번은 며느리가 나에게 조심스레 물었다.

"어머니는 무슨 음식을 좋아하세요?"
"그냥…. 난 뭐든지 다 잘 먹어."
"그래, 엄마는 음식은 안 가리고 다 좋아하셔요."
딸이 거든다. 옆에서 지켜보고 있던 아들이 한 술 더 뜬다.
"엄마는 호박잎에 쌈 싸 먹는 거 제일 좋아하셔."
나도 약간 놀랐지만 며느리가 어이없다는 듯 그건 어머니는 짜장면이 싫다고 하시는 것과 같은 거라며 지 남편한테 뭐라 그런다. 속으로 나도 중얼거렸다.
이러다가 내 제사상에도 고등어 머리가 올라가는 거 아냐?
'애야, 나도 처음부터 호박잎에 쌈 싸 먹고 살지는 않았단다. 너희들 입에 좋고 맛있는 거 넣어주다 보니 식성조차도 개성이 없어지고 외할머니처럼 돼 버린 거지.'

며칠 전 친구가 고향에 갔다가 사다 준 콩잎과 지인이 손수 농사지었다고 보내준 호박잎 쌈에 점심 한 술을 뜨려다 갑자기 목이 멘다.
엄마 얼굴과 넓적한 호박잎이 오버랩 되어 눈앞을 뿌옇게 한다. 오늘도 또 호박잎이나 콩잎을 앞에 두고 홀로 외로움과 함께 밥을 드시겠지. 밥 먹기를 포기하고 반찬 그릇들을 도로 냉장고에 넣어 버렸다.

딸아이는 뭐가 바쁜지 며칠 째 코빼기도 안 보이고 손주 보고 싶어 안달하는 내 마음은 안중에도 없다. 이제쯤이면 하나, 둘 내려놓는 일밖에 없다. 모든 기대, 욕심, 때로는 기다림조차 내려놓는 거다. 거리도 멀고 바쁘다는 핑계로 자주 못 찾아뵌 죗값을 치르는 건가? 얼마나 자식들이 보고 싶으시며 홀로 보내는 긴긴 밤이 무섭고 외로우실까? 막히는 가슴을 움켜쥐다 보면 오히려 무심해 버리고 싶을 때가 있다. 어차피 자식 사랑이야 내리사랑인 걸 하고.

갑자기 엄마가 끓여준 미역국이 먹고 싶다. 아기 둘 낳고 누워 있는 두 달 동안을 먹어도 질리지 않던 엄마가 끓여 주시던 미역국. 아직은 엄마가 보고 싶으면 언제든지 볼 수 있고 미역국이 먹고 싶다고 말할 수 있어서 좋다.

내일이라도 만사 다 제치고 달려가서 미역국 한 사발 들이키고 엄마와 둘이 앉아 빡빡하게 끓인 된장에 콩잎, 호박잎 쌈 실컷 먹고 와야겠다.

세월이 흘러도

 꿈 같이 너희들을 만나고 아쉬움을 남긴 채 또 돌아왔다.
 만나면 반갑고 헤어질 때 아쉬운 마음은 그때나 지금이나 어쩜 그리도 변함이 없는지.
 좁은 방 아랫목에 소복이 모여앉아 끝도 없는 이야기에 시간 가는 줄도 몰랐고 헤어지기 섭섭해 서로의 집을 수십 번 왔다 갔다 하다가 결국은 중간에서 떨어지지 않은 발걸음을 옮기던 일이 어제만 같다.
 하루라도 안 보면 안 될 것 같이 붙어 지내다가 뿔뿔이 흩어져 각자의 길을 가면서 과연 살아갈 수 있을까 하고 먹먹해져 오는 가슴을 남몰래 다독거렸던 적도 있단다.

 사실 이번에도 집안 결혼식이다 뭐다 해서 가기가 좀 불가능

했거든. 너희들과의 만남이기에 그 먼 길을 만사 제치고 단숨에 달려갔어.

그리운 얼굴들을 본다는 생각에 설레는 가슴을 붙들고 갔지만 공항에서 해운대까지 가는 길은 주말에, 연말까지 겹쳐 버스가 거북이걸음을 하는 바람에 애간장이 녹아들었단다.

언제 보아도 편안하고 반가운 얼굴들, 항상 그리운 친구들. 50년의 세월을 곰삭은 오랜 친구들. 묵은 된장의 구수하고 깊은 맛처럼 정겨운, 친구라는 이유로 어떤 설명도 필요 없는 나의 소중한 친구들.

대전, 서울, 울산에서 한숨에 해운대까지 달려가 모이는 우리들을 보고 다들 이해할 수 없는 표정으로 놀라 했지만 우리들이기에 가능한 일이었어. 그보다 더한 일도 거뜬히 해내는 우리니까.

해도 해도 끝이 없는 우리의 이야기는 그날도 어김없이 계속되었지. 했던 이야기 하고 또 하고 50년을 우려먹어도 하나도 지겹지 않은 게 좀 신기하기도 했어. 다음에 만났을 때도 어김없이 똑같은 얘기들이 계속되리라 믿어.

우리 일곱 명이 거닐던 해운대 밤바다는 젊은 날 우리들의 가슴을 설레게 하던 낭만 그 자체더라.

그 밤에 산책로를 따라 동백섬까지 올라가서 내려다 본 광안

대교의 야경은 말이 필요 없을 정도로 아름다웠고 보라색으로 물든 바닷물이 신비스럽기까지 했단다. 계절도 잊은 채 어둠 속에 붉게 피어있던 동백꽃도 가끔 생각이 나네.

달맞이 언덕 위의 하얀 집, 사랑이네 집에서 이불 한 채씩을 끌어안고 1, 2층을 오르내리며 깔깔거리던 기억은 영락없는 열다섯 살 소녀이지 회갑을 맞은 할머니들의 모습은 아니었지?

가는 곳마다 역사와 추억을 남기고 다니는 우리. 이런 우리들이 있기에 때로 삶이 좀 버겁고 힘들어도 버텨볼만 하지 않니?

해, 달, 꽃님이, 분홍이, 명랑이, 사랑이. 각자 자기에게 딱 어울리는 닉네임 하나씩을 만들어 가지던 날, 배꼽 빠지게 웃고 뒤집어지던 소녀의 감성도 기억하니?

늘어가는 주름살에 희끗해지는 머리카락이 세월을 말해 주지만 우리들끼리는 정지된 시간 속의 영원한 15살 소녀라서 다행이야. 거울처럼 서로의 얼굴을 쳐다보면서 "하나도 변하지 않았어. 다들 그대로야."를 연발하는 우리.

뭐가 그대로라는 건지…. 그대로라는 말 속에서 끝없는 그리움을 만들어 주는 친구들.

한 해의 끝을 너희들과 보낼 수 있어서 고마워.

내년에도 파이팅하자.

캐비닛 속의 비밀

저 속에 뭐가 들어있을까?

어린 시절 우리 집 풍경을 떠올리면 언제나 방 한쪽을 차지하고 있던 파란 캐비닛. 아버지는 언제나 그것을 마치 금고 다루듯이 하셨고 그 문을 여실 때는 누가 볼세라 몸으로 반쯤 가리고 번호를 맞추시곤 했다. 그것은 어린 마음으로 보기에는 뚝딱하면 뭐든지 나오는 요술 방망이 같았다. 매번 상상으로 그치는 그 속의 비밀에 대한 나의 궁금증은 깊어만 갔다. 가끔 아버지의 손동작을 슬쩍 훔쳐보기도 했다. 오른쪽으로 두 바퀴, 왼쪽으로 한 바퀴, 다시 오른쪽으로 반 바퀴쯤 돌리고 나면 스르르 열리던 그 비밀의 문. 어쩌다 혼자 있을 때는 이리저리 번호를 돌려보기도 했지만 그 문은 절대 열리지 않았다. 엄마조차도 모르는 그 비밀번호 속에는 엄청난 것이 들어 있으리라는 꿈을 꾸며 어린 시절을 보내 왔다.

  방학식날 성적표를 들고 뛰어드는 날이면 어김없이 그 속에서 공책과 연필 등의 상품이 쏟아져 나왔고 당신을 실망시키던 어떤 날에는 회초리도 그 안에서 등장했다. 꽃을 자신보다도 더 좋아하는 아버지가 키운 온갖 색색의 장미꽃이 우리 집 마당에서 축제를 벌일 때면 수건으로 싸고 또 싸서 고이 모셔 둔 흑백 사진기도 서슴없이 출현하던 그 캐비닛. 활짝 열어서 그 속을 한 번만이라도 속 시원하게 들여다보았으면 하는 것이 소원 중의 소원일 정도로 나의 호기심을 증폭시켰다.

  아버지조차도 한 번도 활짝 열어젖히지 못하고 항상 몸을 돌려 재빠르게 열고 얼른 잠가 버리는 그 캐비닛 속이야말로 아버지만의 숨은 공간이요 남모르는 휴식처가 아니었나 싶다. 엄마에게는 궁금증을 우리들에게는 끝없는 호기심을 불러오게 하던 그 파란 캐비닛.

  돈다발도 수북하게 쌓여있고 금덩어리도 들어있을 거라는 온갖 상상과 함께 우리들의 꿈과 희망도 같이 들어 있었던 아버지의 파란색 캐비닛. 세월이 흘러 저절로 열려진 그 속에는 우리들에게 나눠 주다 남은 공책 몇 권, 연필 몇 자루, 빛바랜 사진 몇 장과 고장 난 흑백 사진기만 주인을 잃은 채 흩어져 있었다.

  그것이 아버지가 남기신 초라한 추억의 전부였다.

콩비지

 어린 시절, 기억 속 엄마는 언제나 행주치마를 두르고 부엌에 서 있었다.
 하루 종일 그 속에서 서성거려야만 그날 가족이 먹을 밥상이 차려졌던 것이다.
 지금 생각하면 불편하기 그지없던 그 공간은 누구도 침범할 수 없는 엄마만의 삶의 장소이기도 했다. 그곳에서 가지 못하는 고향에 대한 감당할 수 없는 향수를 달래기도 하고 어릴 적 고향에서 먹던 맛들을 기억해내기도 했다.
 음식을 통해서 떠나 온 고향에 대한 추억을 곱씹을 수 있는 것이 몇 가지 안 되는 즐거움 중 하나였던 것 같다.
 고향을 향한 솟구치는 그리움 때문인지 이북음식에 대한 애착이 유독 강했던 엄마는 두고 온 고향의 음식들을 자주 만들었다.

 음식 한 가지를 해서 밥상에 올리려면 꼬박 하루가 걸릴 정도로 손이 많이 갔지만 갈 수 없는 곳에 대한 서러움을 치유하는 엄마만의 방법이기도 했다.

 쌩쌩 부는 찬바람이 겨울을 부르는 오늘, 엄마가 해 주던 콩비지 생각이 간절하다. 햇볕 잘 드는 마루에 걸터앉아 맷돌을 돌리던 엄마 모습이 세월이 갈수록 선명해지는 것은 나도 나이를 먹어가고 있다는 것이겠지.

 부엌일하기 싫어하는 내가 어쩌다 엄마한테 붙잡히기도 한 날에는 돌아가는 맷돌에 리듬을 타며 불린 콩을 한 숟갈씩 떠 넣는 것도 쉬운 일은 아니었다. 다 갈린 콩에다 돼지고기 큼직하게 숭숭 썰고 배추 우거지, 무청 등을 넣어 장작불을 때서 푹 끓이면 하얀 콩비지가 완성된다. 한 대접씩 떠서 양념간장에 쓱쓱 비벼 먹으면 밥이 없이도 한 끼 식사가 충분했던 추억의 음식. 그러나 그 과정이 너무도 번거로웠고 그런 투박한 음식이 어린 입맛에 꼭 맞지는 않았다. 부엌일을 싫어해서 요리조리 피해 다니던 나에게는 콩비지 한 그릇 먹기 위해서 하는 수고가 너무 비경제적이라는 생각이 들기도 했다.

 하지만 엄마는 해마다 겨울이면 어김없이 콩을 불리고 맷돌을 돌리는 일을 멈추지 않았다.

고향이 있는 사람은 고향에 대한 그리움을 모른다.

고향이 얼마나 좋은 것인지, 또 든든한 것인지 알 리가 없다.

엄마는 그곳을 나름 제2의 고향이라 생각하고 정을 붙여가며 몇 십 년을 살았지만 타향은 어쩔 수 없이 타향일 뿐이었다. 은근히 배타적인 동네에서 텃세에 눌려 당황하던 날은 엄마는 하루 종일 맷돌을 돌렸고 푸짐하게 끓인 콩비지를 온 동네에 퍼 날랐다. 그 마음이 뭐였는지는 몰라도 엄마가 더불어 살아가기 위한 한 방편이었을 것이다.

그 하찮은 콩비지 한 그릇에서나마 고향을 느끼려는 엄마가 어느 때는 참으로 안타까웠다. 맷돌 소리에 묻혀 들려오는 그 넋두리를 더 귀담아 들어 줄걸, 공유할 수 없는 그리움이지만 맞장구쳐가며 엄마의 외로움을 조금이라도 덜어줄 걸 하는 후회가 이 나이가 되어서야 밀려오니 어쩌면 좋단 말인가.

추운 겨울, 속이 허하면 더 춥다고 아침 굶지 말고 든든하게 먹고 나가라며 한 대접씩 우리들 앞에 안겨 주던 그 투박한 음식이 지금 생각하면 최고의 건강식이고 다이어트 음식이었던 것이다. 어디에서도, 어떤 걸 먹어 봐도 엄마가 해 주던 그 구수하고 정감 있는 콩비지 맛을 도무지 느낄 수 없는 것은 나의 엄마이고 엄마만이 가지고 있는 손맛 때문일 것이다.

어떤 날은 먹기 싫다고 투정 부리면서 사서 고생하는 듯한 엄마를 이해 못하며 억지로 퍼먹던 그 콩비지가 오늘 너무도 그립다.

지금은 연세가 많아져서 콩비지가 생각나도 콩을 맷돌에 갈지도 않고 장작불을 땔 수도 없으니 그 안타까움과 그리움은 내 것과 어찌 비교가 되리.

둥근 밥상에 가족이 둘러 앉아 콩비지 한 대접씩 앞에 놓고 시끌벅적했던 그날들이, 가족들이 맛있게 먹는 것을 바라만 보아도 당신 고생쯤이야 아무런 상관이 없이 행복했던 그 시간들이, 어쩜 가지 못한 고향에 대한 안타까움보다 더 시리게 그리울지도 모른다.

아무도 없는 텅 빈 집, 썰렁한 부엌. 엄마를 위해 아무것도 해 줄 수가 없다. 내 가족이 있고 내 생활이 있다는 핑계로 어쩌다가 얼굴 한 번 내밀고 오면 그만이다. 콩비지를 해 줄 수도 없고 엄마와 함께 앉아 밥을 먹어 줄 수도 없다. 엄마가 외롭고 아프다고 푸념해도 그게 인생이라며 그냥 모른 척 외면한다.

나의 미래를 보는 것 같기도 하다.

함께 먹어 줄 이 없는 부엌에서 한 술 뜨기 위해서 힘없는 손을 놀리고 있을 엄마 생각에 막히는 가슴을 움켜쥔다.

연탄아궁이

 깨질 듯 머리가 아팠다.
 잠에서 깬 듯 눈을 뜨니 낯선 곳에 내가 누워 있다.
 '여기가 어딜까?' 하고 두리번거리니 걱정스러운 얼굴로 나를 바라보고 있는 엄마, 아버지의 모습이 흐릿하게 보이고 한 쪽 팔에 링거가 꽂혀 있다.
 영화나 드라마를 보면 기절했다가 병원에 눕혀져서 깨어나는 장면에서는 영락없이 여기가 어딘가 묻고 사방을 휘둘러본다. 어렸을 때는 영화를 보다가 그것마저도 부러워 보여 나도 기절 했다가 한 번 깨어나 봤으면 싶을 때도 있었다.
 딱 내 꿈이 이루어졌는데도 그저 멍하기만 하였다.
 '도대체 무슨 일이 있었던 걸까?'

학교 졸업을 앞둔 23살 겨울이었다.

간밤에 내 방으로 연결된 부엌의 아궁이에서 연탄가스가 방으로 새어 들었던 것이다. 자다가 당한 일이었으니 나는 아무것도 모른 채 심한 가스 중독으로 실신한 상태였다. 전날 밤 세차게 불어대는 바람에 마른 낙엽만 바스락거리며 이리저리 뒹굴던 기억이 끝이었다.

아침이 되어도 기척이 없자 아버지, 엄마가 차례로 문을 두드렸고 결국은 문을 뜯고 들어왔다고 한다.

말만한 딸이 흔들어도 기척도 없이 나뒹굴어져 있으니 그때 엄마, 아버지의 놀란 가슴은 어떠했을까. 나중에 들은 이야기지만 아버지가 그토록 허둥대며 이리저리 뛰는 모습은 처음이었다고 한다.

그 시절에는 부엌에 방마다 연결된 아궁이가 있었다. 그 아궁이는 참 여러 모로 요긴하게 쓰였다. 밥 짓고 국 끓이고 반찬도 거기서 만들고 난방용으로도 최고였다. 밤에는 커다란 물솥 하나 얹어 놓고 그 위에다 양말이며 속옷도 말릴 수 있었다. 연탄 한 장이면 방이 뜨끈뜨끈하게 데워졌고 아랫목에 이불을 덮고 앉아 있으면 한겨울의 어떤 추위도 무섭지 않았.

그런데 연탄아궁이의 가장 큰 맹점이 가스가 새어 든다는 것이다.

연탄가스와 친했던 나는 그 전에도 두어 번 더 가스에 질식했던 기억이 있다. 무의식중에 문을 열고 나오다가 마당에 나가 떨어져 얼굴과 팔 등 여러 곳을 갈은 적도 있었고 한 번은 학교에 가야 한다는 정신력으로 일어나서 화장실 앞에까지 가서 벌렁 누운 적도 있다.

가스가 새지 않게 아궁이를 여러 번 고치기도 하고 방을 바꾸기도 했지만 연탄가스는 심심찮게 나를 괴롭히며 따라 다녔다. 명이 긴 탓인지 그때마다 처녀 귀신을 면하기는 했다.

그 후로 연탄 기피증이 생긴 나는 연탄만 보면 가슴이 울렁거리고 무서워졌고 그런 나에게 엄마, 아버지는 연탄 근처에도 못 가게 했다.

가끔씩 멍해지고 기억력도 없어지는 것처럼 느껴질 때에는 여지없이 연탄가스의 악몽을 떠올린다. 후각이 떨어진 것도, 가끔 정신줄을 놓고 허둥거릴 때도 순전히 가스 탓으로 돌린다.

결혼해서도 처음에 자그마한 연탄아파트에서 4년 정도 살았다. 시집오면서 이제 연탄과는 안녕이구나 생각했는데 세상일이 다 뜻대로는 안 되는 것인지 온전히 내 몫이 된 연탄아궁이. 연탄 한 번 갈아보지 않은 나와 연탄과의 전쟁이 시작된 것이다.

연탄불에다가 밥을 해먹지는 않았고 그저 난방용으로만 사용했다. 그래도 나는 시커먼 연탄만 보면 머리가 지끈거려 왔고 연탄 가는 일이 생각만큼 쉽지 않았다.

툭 하면 연탄불은 꺼지고 그것을 살리려면 번개탄(?)이라는 것에 불을 붙여서 연탄 위에 넣어야 되는 상황에 숨이 멎을 것 같았다. 가끔씩 밑에 있는 연탄이 붙어서 떨어지지 않아 칼로 이리저리 쳐 가며 떼다가 반 토막이 되는 일도 있었다. 그 시절에는 연탄불 꺼트리는 며느리가 제일 한심하고 살림 못하는 며느리로 낙인찍힐 때였다. 아침에 눈만 뜨면 불이 살아 있는지부터 확인했다. 시어머니라도 계시는 날에는 더 당황스러움에 어찌할 바를 몰라 아이를 들쳐 업고 뺀 눈물, 콧물의 양도 만만찮다. 한 번은 이른 새벽이라 번개탄도 못 사고 허둥대다가 깜빡거리는 연탄불을 살려 볼 요량으로 석유를 부어 불을 낼 뻔한 아찔한 기억도 있다.

식구들 밥해 먹이고 반찬 만드는 것이 하루 일과의 대부분이었던 우리네 어머니들. 장작불 때서 밥해 먹던 시절을 지나 연탄이 나오면서 최첨단을 걷고 있다고 생각하면서 으쓱해 하던 엄마의 모습이 생각난다. 찬바람이 불어 올 때쯤이면 겨우내 땔 연탄을 몇 백 장씩 들여 놓고 김장 김치도 백 포기쯤 해서 마당에 묻어 놓으면 왠지 든든해지고 부자가 된 것 같다고 말하던 우리 엄마. 밤새 쌩쌩 들어 온 찬바람에 수도꼭지까지 얼어붙는 추위에도 엄마가 서 있으면 금세 따스해지던 그곳.

 부엌에 서 본다.
 여름에 시원하고 겨울에는 따뜻한 부엌. 힘들거나 불편한 게 하나도 없다.
 냉장고도 에어컨도 없던 더운 여름, 모기에 뜯겨 가면서 비지땀을 흘리며 식구들 밥해 먹이고, 김치 항아리며 남은 반찬 그릇은 찬 물에 동동 띄워서 신선도를 유지하느라 애쓰던, 추운 겨울 언 손 불어 가며 앞뒤로 뛰어 다니면서 연탄불 갈던 그 시절 엄마들의 부엌.
 내가 부모가 된 지금, 가스에 질식해 나가 떨어져 있던 딸을 바라보며 부모라는 이유로 죄책감을 느꼈을 그때를 생각하면 가슴이 먹먹하다.
 지금도 부엌 하면 방으로 통하는 연탄아궁이가 세 개쯤 있던 그곳에 무쇠로 된 집게로 연탄을 집어서 아버지 엄마가 교대로 갈던 그 부엌이 떠오른다.

가을은 그리움

 매일 맞이하는 아침이 새로운 듯 설렌다.
 해마다 열리는 초등학교 동창회 가을 산행 날이다. 전날 종일 무심하게 내리던 가을비에 신경이 거슬렸다. 어렵게 마음먹은 날인데 비가 계속 내리면 산행에 차질이 있지 않을까 하는 걱정 때문에 지난 밤 거의 잠을 이루지 못했다. 어린 날에도 소풍이나 운동회 전날이면 밤을 꼴딱 새던 것처럼.

 초등학교 때 소풍날만 되면 비가 자주 왔다. 아침에 일어나서 속절없이 내리는 비를 바라보며 느끼던 실망감이란 이루 말할 수 없었다. 교장선생님이 용띠라서 소풍날마다 비를 내린다는 말도 안 되는 전설을 믿으며 선생님을 원망하기도 했다. 비내리는 아침 책가방을 메고 학교로 가야 할지 김밥과 평소에 구경하지 못한 맛난 것들이 잔뜩 들어있는 배낭을 메고 가야 할지는 나뿐만 아니라 부모님, 선생님, 모든 아이들이 적잖게 당황했다. 지금처럼 소통이 자유롭지 않던 그 시절의 비 내리는 소풍날, 소풍 준비와 학교 준비를 같이 해 온 약삭빠른 아이들도 있었다. 그때 어린 가슴을 안타깝게 했던 소풍날에 속절없이 내리던 비, 이제는 솟구치는 그리움이다.

간밤의 비가 세상을 투명하게 만들어 놓았다. 파란 하늘과 눈부신 햇살에 코끝이 시큰해진다. 살아간다는 것은 무언가를 만나고 또 누구와의 헤어짐의 반복이다. 이 반짝이는 가을도 언제나 왔다가 떠나가는 계절이었고 앞으로 또 몇 번의 가을과 만나고 이별할지는 알 수 없는 것이다.

초등학교 동창들을 만나면 어김없이 초등학생이 된다. 생각이며 말투 수준이 꼭 그 시절 그대로이다. 어린 시절에는 서로가 수줍어 말도 못 붙이고 아는 척도 잘 못하다가 이쯤에서는 나이를 핑계 삼아 너무도 자연스럽게 서로를 대하며 60 고개를 바라보는 중년의 나이임에도 서로의 이름을 능청스럽게 불러댄다.

초등학교 동창회는 추억이며 그리움이다.

어린 시절 인연을 같이 했던 그 아이들이 가끔 궁금한 적이 있었다. 세월이 좋아져 사람 찾기는 일도 아닌 세상이다 보니 많은 친구들이 그리움을 안고 모여 들었다. 아름다웠던 인연의 고리에서 추억을 남겼던 얼굴들을 더듬으니 몇 십 년을 만나지 못했던 아이들조차 이름과 얼굴을 연결시키면 신기하게도 그 시절 그 모습이 어김없이 나온다.

서울을 출발한 차는 가을을 만끽하며 달린다. 싱그러운 바람, 눈부신 햇살에 반사되는 가을 풍경이 가슴을 두근거리게 한다. 탐스럽게 달려있는 빨간 사과, 길 가에 하늘거리는 코스모스, 멀리 보이는 절정의 단풍들이 잠시도 눈을 떼지 못하게 유혹한다. 고향인 울산에서 출발한 차도 동시에 문경새재에 도착했고 가을 단풍만큼이나 알록달록한 아이들이 서로 얼싸 안으며 반가운 마음을 전한다. 주름진 얼굴에 서리 내린 머리카락이 늦가을을 연상시키지만 마음은 이미 어린 시절로 돌아가고 있었고 정겨운 사투리는 긴장하며 살던 내 마음을 어느새 느슨하게 풀어 놓는다.

가을의 절정이다. 추억을 찾아, 그리움 때문에 찾아든 행렬이 그야말로 인산인해다.

가을은 누구에게나 병이며 지독한 몸살이다. 동시에 가장 아름다웠을 때의 색깔인 것이다. 그 색깔들에 녹아 있는 슬픔이

나 아픔이 추억으로 밀려온다. 생각만으로도 가슴이 치밀어 오르는, 낙엽도 주저앉는 이 스산한 계절이 아름다운 이유는 연기처럼 모락모락 피어나는 그리움을 가득 안고 달려 온 그대들 때문이겠지.

고향 친구들이 준비해 온 푸짐한 전어 무침과 지방 특유의 진한 멸치젓으로 담근 김치로 한바탕 시끌벅적한 판이 벌어졌다. 삼삼오오 깔깔거리며 부둥켜안고 그리움이 가득 담긴 안주를 서로의 입에 넣어준다. 그리움의 아수라장이다.

코스모스 길에서 엉뚱한 그리움이 솟구친다. 잊고 있었던 한 아이가 불현듯 떠오른다. 코스모스 피는 가을이면 내가 생각난다던, 사는 동안 나를 잊지 않겠다던 그 아이는 아직도 가을 들판의 코스모스를 보면 내가 생각날까.

그리움이 범벅이 되어 그것들을 다 토해내기에 부족했던 시간. 그 하루가 저물어간다. 배를 움켜잡고 아이처럼 웃을 수 있었던 것도 어릴 적 그 아이들과 그 시간들이 공존했기 때문이리라.

거울에 비친 나

늦가을의 스산한 풍경들.

밤새 세찬 바람이 한 차례 지나갔나 보다. 노랗게 물든 은행잎이 눈발 날리듯 흩어져 황금색 눈밭을 만든다. 늦가을의 스산함은 어쩜 나 자신의 모습인지도 모르겠다. 애써 가는 세월을 붙들어 놓으려고 안간힘을 쓰다가 무참히 떨어져 뒹구는 낙엽들에서 내 모습을 본다.

오랜만에 들여다 본 거울 속의 내 모습에 망연자실한다. 어쩌다가 이 지경에까지 왔을까? 윤기 없는 얼굴, 하얀 색이 반이 넘는 머리카락, 축 처진 눈, 입가의 주름….

김태희처럼 예쁘고 가녀린 여인. 아니면 요즘 어떤 드라마에서 비련의 여인으로 등장해 상종가를 치고 있는 수애의 청순가련한 모습에 정신을 잃는다. 늘씬한 키에 완벽한 얼굴 구조,

긴 생머리를 흩날릴 때의 섹시한 모습은 남성들뿐만 아니라 모든 여성들의 가슴을 두근거리게 하기도 한다.

그래 언젠가 다시 태어나면 나도 그 여인들처럼 그렇게 태어나고 싶다. 까만 피부, 납작한 코, 둥글고 큰 얼굴 대신 갸름하고 작은 얼굴에 오똑한 코, 날씬한 몸매로 한 번쯤은 다시 젊음을 누리리라.

하지만 젊음이야말로 지나가는 바람에 불과하다. 젊음은 그 자체만으로 아름답고 당당하지만 계절을 이기지 못하고 떨어지는 낙엽처럼 그것 또한 영원하지가 않다. 지금쯤이면 외적인 아름다움에의 집착보다 끊임없이 자기를 가꾸고 다듬는 노력, 자신의 내면을 풍성하게 가꿀 줄 알아야 할 것이다. 꾸미지 않는 순수한 미, 몸에서 저절로 배어나오는 듯한 아름다움이 우리가 원하는 마지막 삶의 모습이 아닐까?

지구상의 수많은 사람들 중에 나는 단 하나. 각기 다른 모습을 가지고 살아가는 우리들은 모두가 똑같이 소중하고 고귀한 존재가 아닐 수 없다. 더불어 존재할 수 있다는 것만도 감사하며 따뜻하고 넉넉한 마음으로 세상과 함께하고 싶다.

지금쯤의 삶에도 분명 그만큼의 아름다움이 있는 것이다. 스쳐가는 한 줄기 바람에도 감사할 줄 알고 따뜻하고 넉넉한 마음으로 세상과 함께한다면 그것이 곧 나이만큼의 아름다움인 것을.

  가을 속 벤치에 앉아 책을 읽고 있는 여인의 모습이 무척 아름답다. 나도 이 늦가을 붉은 가을빛에 풍덩 뛰어들고 싶다.

엄마는 나의 고향

 어릴 때 걷던 그 길을 걷는다.
 집이 가까워지자 바람결에 미역 냄새가 코끝을 스친다. 해풍인 듯 착각하며 대문 앞에 선다. 삐걱거리는 대문을 열자 팔순 노모가 뛰어 나온다.
 익숙하지만 왠지 낯설다. 우리 엄마 모습이 아닌 그저 나이 많은 할머니가 내 눈에 들어왔다. 예쁜 거 좋아하고 멋 부리기 좋아하던 젊은 모습은 간 곳이 없고 이제 물들일 기력도 없는지 염색도 미처 하지 못해 허연 머리, 주름진 모습에 가슴이 쿵 내려앉는다.
 해마다 엄마는 젖은 미역을 사다가 햇볕에 말린다. 돈만 있으면 그보다 더 좋은 최상급 미역을 살 수 있을 것이지만 엄마는 연중행사처럼 미역을 말린다. 아무리 돈을 많이 주고 산 미역도 엄마가 말리는 것에는 비교도 되지 않는다며 맛과 질에 있어 맹목적인 확신을 가지고 있는 것이다. 평생을 받아먹기만 한 나는 미역 말리는 일이 빨랫줄에 널어놓으면 되는 간단한 일인 줄만 알았다. 그러나 햇볕에 널었다가 저녁이면 걷었다가를 수없이 반복해야 하고 비가 오는지 눈이 오는지도 항상 신경을 써야 했다. 다 말린 미역은 한 손씩 먹기 좋을 만큼 다듬어서 접으면 그제야 최상의 기장미역이 완성이 될 만큼 손이 많이 가는 일이었다. 엄마의 노고와 땀방울로 두 아이를 낳고도 그 미역국을 한 사발씩 먹으며 산후 조리를 했고 내 딸과 며느리도 외할머니가 말려 준 미역국으로 부기를 가라앉히고 원기를 돋우었다. 이젠 힘들어서 더는 못하겠다는 엄마의 말 뒤로 나는 엄마 외손녀가 둘째 아기를 가졌으니 한 번만 더 해달라고 뻔뻔한 부탁을 한다.

팔순의 엄마는 몸도 마음도 많이 약해졌다. 마음과는 달리 거리가 멀다는 핑계, 바쁘다는 이유로 자주 찾아뵙기가 쉽지 않다. 내 자식 일, 손주 일이라면 만사를 다 뿌리치고 달려가면서, 해외여행은 열흘이 넘도록 잘도 다니면서 하루, 이틀 빼는 일이 왜 이리 힘든 걸까. 어쩌다 가면 반가워서 어쩔 줄 모르는 엄마, 60 가까운 딸을 아무것도 할 줄 모르는 어린아이

취급하듯 앉혀 놓고 이것저것 해 먹이는 팔순의 노인. 홍합을 넣어 끓인 미역국에 짭짤한 무김치를 맛있게 먹는 나를 보며 당신이 없어지면 다른 아이들은 걱정이 안 되는데 내가 제일 걱정이라며 한숨을 내쉰다. 나도 나름 나를 완벽한 시어머니로 생각하는 며느리도 있고 자신의 버팀목이라고 여기는 딸에 손주가 둘이나 있는 몸인데 싶어 잠시 어이가 없다.

팔순의 부모가 육십의 자식에게 아침에 나갈 때마다 빨간 불에는 멈추고 꼭 파란 불이 켜지면 지나가고 항상 차 조심 하라고 했다던 말을 그냥 이야기로만 웃어 넘겼는데 세상일은 닥치면 다 자기 일이 되는 것이다.

자주 못 찾아뵙는 나를 원망하듯 외롭고 허전하다며 넋두리를 하면 나는 마음에 없는 말로 엄마를 쏘아댄다.

"엄마, 사람은 다 외로워. 남편이 있고 자식이 가까이 있어도 외롭고 허전하기는 마찬가지야. 있어서 더 외로울 때도 있어. 사는 게 그런 거지 뭐."

이렇게 매몰차게 일침을 놓을 것까지는 없었는데 혼자 계시게 해야 하는 내 마음이 속이 상한 나머지 뱉은 말이었다.

엄마가 있어서 가는 것이지 고향이 그리워서 그곳에 가는 것은 아니었다. 한때는 그곳이 너무 싫어서 도망칠 방법만 연구

한 적도 있었다. 대학이 유일한 탈출구였음에도 도망 갈 기회를 놓쳐버린 나는 그곳에서 대학을 졸업한 후 결혼이라는 마지막 탈출구를 찾아냈다.

대문 열고 서너 걸음만 나가면 온통 아는 얼굴들이고 시내 한 바퀴만 돌면 좀 전에 만났던 사람을 또 만나고 마음만 먹으면 찾고 싶은 사람은 다 찾아낼 수 있는 그곳. 숨고 싶어도 숨을 곳이 없는, 그래서 사생활이라고는 전혀 보장이 안 되는 그 좁은 곳이 숨 막히게 싫고 지겨울 뿐이었다.

고등학교 때 갑자기 쏟아지는 소나기를 피하려고 이리저리 뛰다가 남녀 세 명이 한 우산 속에 서 있은 일이 있었다. 그 광경을 본 옆 반 아이가 동네방네 소문을 내서 곤욕을 치른 적도 있다. 길거리에서 비를 피하기 위해 동네 남자 아이와 우산을 좀 같이 쓰고 서 있었기로서니 그게 뭐가 잘못됐다는 것인지…. 이런 저런 이유와 사연으로 마주치는 사람이 없는, 모르는 사람끼리 섞여 사는 그런 세계에서 남의 눈치 안 보며 살고 싶은 마음은 점점 더 간절해졌다. 자유에 대한 간절한 열망 때문에 언제쯤인가 가슴 깊숙이 자리한 상처는 고향에 대한 미련 같은 것은 한동안 없게 만들었다. 뒤도 안 보고 살았다. 30여 년 전 그곳을 떠나올 때 추억이나 그리움 같은 것은 다 던져버리고 온 사람처럼.

그러나 대문을 열면 아직은 엄마가 뛰어 나오는 곳. 그곳에서 60년 넘는 일생을 살아 온 진짜 고향보다 더한 부모님의 제2의 고향. 부모님의 삶이 고스란히 묻어나는 그 집. 아버지의 영혼이 잠들어 있는 그곳. 문을 열고 들어서는 동생에게서 아버지의 모습을 보며 흠칫 놀라기도 하는 그곳은 매몰차게 돌아선 나에게 아직은 끝없는 그리움을 만들어 준다. 대문을 열어도 아무도 뛰어 나오지 않는 날, 그리움도 사라지려나.

아오자이 입은 여인들

 아직 동이 트기도 전, 꼬리를 문 오토바이 행렬들이 어슴푸레한 새벽을 가르며 달린다. 이색적인 광경이다. 아슬아슬하게 곡예 하듯이 잘도 스쳐 지나가는 오토바이의 질주에 입을 다물지 못한다. 그렇게 그들은 하루를 열기 위해 오토바이를 탄다. 헬멧에 마스크는 기본으로 쓰고 출근하는 복장이 비교적 말쑥한 차림이다. 아오자이를 바람에 휘날리며 달리는 여인들의 모습이 어둡고 무거운 역사를 뒤로하고 밝은 미래를 내다보며 질주하는 듯하다. 평소에 보지 못한 진풍경이라 신기하다.
 2월의 여름이 좀 낯설다. 공항에서부터 후끈해 오는 열대의 훈기에 입고 있는 옷이 무거운 듯 땀이 난다.
 마중 나온 친구를 보는 순간 반가움에 더위도 싹 잊었다.
 친구의 남편이 베트남 호치민에서 사업을 하고 있어 서울과 베트남을 오가며 사는 친구 덕분에 우리 일행은 6년 만에 또다시 호치민으로 갔다.

여름옷으로 갈아입고 시내 관광을 나섰다. 친구가 길을 잘 알고 있어서 우리는 편안하게 대통령궁과 관광명소로 돼 있는 우체국 등 몇 군데를 둘러보고 베트남에 가면 빼놓을 수 없는 온몸 마사지를 하며 새벽부터 설쳐 5시간을 날아 온 여독을 풀었다.

둘째 날.

베트남의 전쟁 명물인 구찌터널을 가기 위해 일찍 숙소를 나섰다. 가는 도중 호치민에서 유명하다는 쌀국수 집에 들러 간단히 아침을 해결했다. 후식으로 코코넛 주스까지 한 통씩 먹으니 배가 든든하다. 구찌터널은 구찌구역 방어를 위해 베트남 군이 만든 터널이다. 베트남전을 승리로 이끈 곳으로 지금은 유명한 관광지가 돼 있다. 오솔길 주변에 자리한 밀림 속의 땅굴은 지금도 공포 그 자체였다. 한 사람이 겨우 들어 갈 수직터널을 뚜껑을 덮고 그 위에 낙엽을 덮어 놓은 덫이었다. 모르고 밟고 지나가면 수 십 개의 뾰족한 쇠창살위에 떨어지는 것이다. 캄캄한 터널 속을 직접 들어가 보기도 했는데 숨 막힐 듯 답답하고 무섭기도 했다. 터널 구경을 마치고 집으로 오는 도중 친구의 남편이 경영하는 회사를 방문했다. 어마어마하게 큰 공장이 여러 군데 서 있어 사업이 날로 번창함을 느꼈다. 거기서 일하시는 베트남 아주머니가 우리를 위해 만찬을 준비해 놓아 우리 일행은 성대한 대접을 받았다. 고마움과 함께 사업이 더욱더 번창하기 다 함께 바랐다.

그동안 눈독을 들인 아오자이를 사러 벤탄 마켓으로 갔다. 우리나라의 남대문 시장과 비슷한 곳인데 없는 거 빼 놓고는 다 있는 듯 굉장히 다양하다. 친구가 흥정해서 싼 값에 아오자이 한 벌 씩을 샀다. 사서 입어 보니 편하고 시원하고 모두들 대만족이다. 베트남 여인이 된 듯하다.

셋째 날.

친구 남편의 배려로 호찜이라는 바닷가 근처의 풀 빌라로 갔다. 숙박료가 꽤 비싼 데 우리를 위해서 친구의 남편이 얻어 준 것이다.

서너 시간 걸리기 때문에 또 일찌감치 집을 나섰다.

가는 길에 붕따우라는 바닷가 지역에서 점심으로 랍스터회와 새우구이를 먹었다. 한국에서는 랍스터 회는 상상도 못할 일이다. 풀 빌라에 랍스터 회라니 팔자에 없는 호강인가 싶다.

길 가에서 망고 등 열대 과일을 잔뜩 팔고 있다. 우리 돈으로 만 원 정도를 주고 샀더니 무겁게 두 보따리다. 절로 행복해진다. 이것이 여행이 주는 묘미가 아니던가.

예상한 대로 바닷가 근처에 있는 풀 빌라는 어마어마했다. 정원에는 수영장이 있고 이층으로 된 거대한 집에 우리 밖에 없다. 언제 이런 호사를 누릴까 싶어 하루라도 내 집이라 생각하고 아래 위층으로 뛰어 다니며 거의 밤을 꼴딱 샜다. 전날 산 아오자이로 모두 갈아입고 와인 한 잔을 우아하게 곁들이면서 밤이 가는 줄 모르고 이야기하고 노래 부르고 했던 그 시간들. 밤이 즐거운 이유는 왜일까? 평소에 쉽게 가져 보지 못한 시간들이라서 더 소중한 것일까? 동심으로 돌아가 밤새도록 목청 높여 노래 부르던 그 시간들 역시 다시는 돌아오지 않을 시간이리라 생각하니 괜히 쓸쓸해진다.

밤과 아침은 이상하게 또 다른 느낌을 준다. 아침 햇살을 맞으며 아오자이를 입고 정원으로 뛰어 나가 이리저리 포즈를 취하며 사진도 찍고 베트남 여인이 된 채 아침을 먹으러 레스토랑에 갔더니 너무도 좋아하던 베트남 사람들. 자기네 옷을 입고 있으니 무척 기분이 좋았나 보다.

호치민 시내에 어느덧 땅거미가 내린다.
여전히 오토바이 행렬은 꼬리를 문다.

사막 위의 대추밭

　트루판으로 가는 여정은 며칠 째 계속되었다.
　돈황에서 하미로 하미에서 신선으로 버스는 쉬지 않고 사막 위를 달렸다. 1년 내내 비는 거의 안 내리고 아침저녁으로 기온차가 큰 데다 일조량이 많은지라 어디를 가도 과일들이 탐스럽고 먹음직스럽게 달려있다. 버스 차창가로 포도, 석류, 대추밭 등이 끝없이 펼쳐진다.
　사막 위를 몇 시간씩 달려야 하니 화장실이 급하면 자연적으로 사막 위의 어딘가에서 생리 현상을 해결해야만 했다. 사막 전체가 다 화장실이었다. 가이드가 대추나무 밭에서 차를 세웠다. 지금껏 보지 못한 자두만한 크기의 자줏빛 대추들이 햇빛을 받아 탐스럽고 먹음직스럽게 반짝거리고 있었다. 가이드는 대추밭 아래에서 볼일을 보고 대추 몇 개씩 따 먹어보라고 하였다.

우리 일행은 모두 대추밭으로 들어가서 먼저 일을 보고 대추를 따기 시작했다. 바로 눈높이에 가지가 휘어질 정도로 따기 좋게 주렁주렁 대추가 달려있다. 계절적으로 딱 먹기 좋게 익은 대추를 2~3분 만에 양쪽 호주머니에 한가득 따서 넣었다.

가이드가 빨리 나오라고 소리쳤다. 우리는 들은 척도 않고 대추를 계속 땄고 가이드는 주인이 저기 오고 있으니 빨리 나오라고 소리친다. 주인은 무슨, 따라고 할 때는 언제고 나오라고 야단이야 하면서 대추를 손에 잡히는 대로 따 넣었다. 이미 양치기 소년이 된 가이드의 말을 아무도 믿지 않은 것이다.

가이드가 세 번째 소리쳤을 때쯤 다들 불룩해진 호주머니를 움켜쥐고 슬슬 나와 버스에 올라탔다. 정말 어디서 나타났는지 대추밭 주인인 듯한 시커먼 중국 남자가 오토바이를 타고 와 버스 앞에 떡 버티고 서 있었다.

아니 저 아저씨는 그새 어디서 나타난 거야? 눈치 없는 나는 대추를 몇 개 손에 들고 그 아저씨를 멀뚱하게 쳐다보았다. 그 주인 남자는 심각한 얼굴로 버스 문 쪽으로 다가오더니 우리를 살펴댄다. 몇 명이 손에 대추를 몇 개씩 들고 있었으니 현장을 바로 들킨 것이다. 우리들의 가방과 몸을 수색하겠다고 하는 것 같았다. 중국말을 한 마디도 못 알아듣는지라 무슨 말을 하는지는 전혀 알 수 없지만 점점 심각하게 굳어져 가는 표정이 심상치 않았다. 불룩한 주머니의 대추를 보자고 할까봐 심장이 멈춰버리는 것 같았다. 이역만리 중국 땅에 와서 이게 무슨 망신이람. 이 막막한 사막 위에서 절도죄에 걸리다니…. 포승줄에 굴비 엮듯이 엮어서 경찰에 넘기는 거 아냐? 그 짧은 순간에 별의별 생각이 다 들었다.

 조선족 가이드는 우리들한테 몇 개만 따서 얼른 나오라고 했는데, 그리고 주인이 온다고 그렇게 소리쳤는데도 왜 말을 듣지 않았냐고 계속 뭐라 그런다. 적반하장으로 우리들은 그냥 볼일만 보고 나오라고 하지 왜 대추를 따라고 했냐고 빡빡 우겨댔고 하도 거짓말을 잘하니 더 이상 안 믿었다는 둥 서로 잘했다고 큰소리를 냈다. 일정 동안 다니면서 가이드가 농담 삼아 우리에게 거짓말을 곧잘 했던 것이 양치기 소년으로 낙인이 찍힌 것이다. 결국 가이드가 그 대추밭 주인한테 10위안(1,800원)을 주는 걸로 해프닝은 운 좋게 끝이 났고 우리는 싸게 해결했다며 놀란 가슴을 쓸어내렸다.

 거의 모두가 주부인지라 뜨거운 햇살을 받고 자란 큼직하며 달고 맛있는 대추를 며칠 남지 않은 추석 차례상에 올릴 거라며 행복해 했다. 이번 차례상에 집집마다 올려질 대추 생각을 하면 웃음이 나온다. 비록 훔친 대추지만 평소에 구경할 수 없던 크고 좋은 것을 올리고 싶은 마음을 조상님들도 이해하시겠지. 그 후로 우리는 목화밭, 대추밭, 포도밭 등 무언가가 탐스럽게 달려있는 밭만 보이면 가이드한테 화장실 간다고 내려 달라고 소리를 쳤고 가이드도 한 수 더 떠서 "이번에는 어느 밭에 내려 드릴까요?" 하며 너스레를 떨었다.

막막한 사막 위의 쉽지 않은 여정에서 그런 해프닝도 작은 즐거움이 되고 여행 중의 피로를 잊게 해 주는 활력소가 되는 것이다. 대추뿐만 아니라 모든 과일들이 농약은 전혀 치지 않고 햇빛만 받아 사막에서 자라 달콤한 맛이 환상적이었다.

실크로드 여행 중 인상적인 과일 하나가 있었다. 수박만한 크기의 길쭉한 메론의 일종인 하미과라는 것인데 처음으로 먹어보는 정말 입에서 살살 녹는 과일이었다. 하미라는 지역에서 나서 하미과라고 부르는 것 같은데 연강수량은 적고 일교차, 연교차도 큰 곳이라 당도가 굉장한 과일이었다. 하나를 썰면 열 명 정도는 족히 나눠 먹을 수 있는, 참외보다 몇 배 달고 맛있던 그 과일도 막막한 사막의 외로움과 뜨거운 한낮의 갈증을 없애주는 잊지 못할 맛이었다.

삶이 외롭고 팍팍할 때 인간은 누군가에게 사막 위의 잘 익은 대추나 하미과가 될 수는 없을까.

가끔 그 대추밭이 생각나고 언젠가 하미과가 그리워질 때쯤 또 다시 실크로드로 떠나게 될지도 모르겠다.

사막에서 별을 보다

 어린 시절 아버지와 같이 찾던 별이 그곳에 있었다. 여름 밤, 마당에 서서 아버지와 함께 밤하늘을 올려다보며 나는 북두칠성, 카시오피아, 북극성 등을 잘도 찾아내곤 했다. 그때는 고개만 들면 한여름 밤의 꿈처럼 머리 위로 별이 쏟아져 내렸고 굳이 별을 보기 위해서 지금처럼 사막을 가지 않아도 되었다.
 트루판의 밤하늘에 반짝이는 별들을 바라보면서 갑자기 밀려오는 아버지 생각에 한동안 가슴이 먹먹해 왔다. 왜 이런 곳에서 아버지 생각이 나는 걸까. 떠났다고 생각하지만 완전히 떠나지 못하는 인간의 뿌리. 저마다의 그리움을 담고 있는 저 별들은 진정 우리네 마음의 고향인 것을.

끝없이 이어지는 사막의 풍경이다. 우루무치에서 돈황을 거쳐 트루판으로 가는 일주일의 여정은 실크로드에 대한 나의 기대를 저버리지 않았다. 사막이 주는 탁 트인 청량감, 믿기지 않을 정도로 역사가 깊은 많은 유적과 유물들. 이 많은 것들을 다 이해하고 만끽하기에 일주일이라는 시간은 말도 안 되게 짧은 시간일 뿐이었다.

9월 말이라 덥지도 춥지도 않은 기막힌 날씨는 여행의 즐거움을 한층 더해준다. 사막의 한 자락 어디쯤에선가 여정을 풀어 힘든 몸을 쉬게 하고 또 어디론가 떠나가는 일정. 여행은 여태껏 보지 못한 세계에 대한 일종의 모험인 셈이다. 상상하지도 못한 풍경을 만나고 생각지도 않은 일들이 벌어진다. 돈황에서 트루판으로 가는 며칠간의 여정은 수 천 만년을 내려오면서 자연이 만들어 낸 장관이 계속 연출된다.

1년이 가도 비 한 방울 내리지 않는 사막에서 멈추지 않고 물이 솟아난다는 오아시스 같은 호수가 있다. 그 옆으로 피라미드처럼 뾰족한 모양의 거대한 모래더미가 보인다. 모질게 불어오는 바람에도 다 실려 가지 못하고 남아서 밤마다 윙윙 울어댄다고 해서 붙여졌다고 해서 명사산이라 이름 지어졌다고 한다. 남겨진 모래사막에서 낙타를 타고 모랫길을 하염없이 걸었다. 그 옛날 대상들이 비단을 실어 나르기 위해 이렇게 낙타 등에 올라타 길고도 지루한 길을 걷고 또 걸었겠지. 뉘엿뉘엿 지는 해를 바라보면서 중간쯤 내려오는데 낙타 한 마리가 바닥에 널브러져 있다. 사람들을 태우고 다니느라 고단했던지 큰 대(大) 자로 쭉 뻗은 듯하다. 안쓰러운 마음에 미안한 생각도 들었지만 예전에 대상들이 비단을 낙타 등에 싣고 7,000km가 넘는 길을 몇 번씩이나 왔다 갔다 하던 것에 비하면 그게 뭐가 힘들다고 저렇게 늘어져 있을까 하고 웃어대기도 했다.

몇 천 만 년 전 백악기 시절에 천지가 개벽하면서 바다가 뒤집혀 거대한 사막이 되고 바람에 날린 모래들이 갖가지 기이한 형상을 하고 있는 사막을 만났다. 가시 돋친 낙타풀이나 자랄 수 있는 척박한 땅. 아마 이번 실크로드 여행에서 가장 볼거리였던 것 같다.

사막을 걸으며, 이 사막에 나 혼자 남겨진다면, 광활한 고비사막의 한 모퉁이에서 길을 잃는다면 나는 어떻게 될까. 문득 이런 생각이 들었다. 나만의 사막, 내 인생의 사막은 어디쯤이었을까?

사막에서 너무도 외로워 내 앞에 찍힌 발자국을 보려고 뒷걸음질 쳐서 걸었다는 「오르텅스 블루」의 시가 생각난다. 자기 앞에 찍힌 발자국조차도 막막한 사막 위에서는 동반자가 되고 외로움을 달랠 수 있는 커다란 힘이었으리라.

생각해 보면 수없이 외로움에 뒷걸음질 쳤고 내 앞에 선명하게 찍힌 발자국을 보고 위로 받으며 그렇게 산 세월은 사막의 여정 같은 것이었으리.

여행길이란 인생과 같은 것이어서 험하고 힘든 길을 갈수록 보람도 더 커지며 생기 있고 녹슬지 않은 삶을 살기 위한 내 자신을 확인하는 시간이 된다. 모래바람 몰아치는 사막과 14시간의 밤열차 여행, 또 언제 내릴지 모르는 지옥 같은 열차 안은 전쟁통의 피난민을 연상케 했다. 달려도 달려도 끝없는 모래사막 위의 지루함도 참아내야 했고, 식사 때마다 나오는 기름에 볶은 느끼한 채소들에 질려 흰 죽 한 그릇과 삶은 계란으로 끼니를 때우기도, 문득 다가오는 지독한 외로움에 어쩔 줄 모르기도 했다. 사막 위의 신기루 같은 푸른 초원에서 양떼들이 유유자적하며 풀을 뜯는 풍경을 보며 마술 같은 자연 앞에서 위로를 받기도 한다. 생각지도 않은 곳에서 아버지를 생각할 수 있었고 아버지와 함께 보던 그 별을 볼 수 있었던 사막 여행. 내 생애 작은 보람 가운데 하나가 이번 여행에서 또 더해진다.

니체의 글귀를 인용한다. '길이 험하면 험할수록 가슴이 뛴다. 인생에서 모든 고난이 자취를 감췄다고 생각해 보라. 그 이상 삭막한 것이 없다.'

사막 속으로 사라지던 태양이 내 가슴 속으로 걸어 들어온다. 그 태양은 한동안 내 안의 사막에서 활활 타오르며 불꽃놀이를 계속할 것이다.

엄마와 딸

육십이 넘은 딸이 온다는 기별에
팔십 노모는
새벽바람에 달려가
아픈 다리 질질 끌며 장을 본다.
딸이 좋아하는 소고기 뭇국 끓여 놓고
조기 굽고
구수한 멸치젓 양념에
노랑 콩잎도 무쳐 놓았다.
추억 돋아 젓가락질을 해댄다.
진한 향이 입안 가득히 퍼진다.
허기진 마음이 잠시 채워진다.
내가 내 아들 딸에게,

지금은 손주들에게 일상처럼 퍼주는 사랑
엄마에게 배웠다.

부쩍 작아진 엄마와
환갑의 딸이 마주 앉아 밥을 먹고 있다.
밥을 뜨는 숟가락 위에 무엇인가 끊임없이 얹힌다.
눈물인지 콧물인지,
두 눈에는 뿌연 안개가 서리고
훌쩍거리는 모습을 들키기 싫어
천연덕스럽게 고개 박고 밥만 떠 넣는다.

나와 닮은 듯 안 닮은 우리 엄마

김소연 (딸)

나와 닮은 듯 안 닮은 우리 엄마. 어릴 때부터 난 엄마하면 항상 책을 읽으시고 또 뭔가를 글로 남기는 걸 좋아하는 모습이 많이 생각난다.

한 십년 전쯤이었나. 엄마가 글 쓰는 걸 더 배우고 더 많이 써보고자 수필문학회 등 여기저기 글을 내면서 등단을 하고 덕성여대에 있는 수필 창작반에도 나가셨다.

엄마 마음속에 있는 아주 어릴 때부터 하고 싶었던 작은 꿈이었던 것 같은데 결혼하고 우리 키우면서 잠시 접어두셨다가 더 늦기 전에 해보고자 용기 내시는 걸 보고 멋지다는 생각도 들기도 하고 별것 아닌 소소한 일상도 글로 표현하고 항상 뭔가를 꿈꾸는 듯한 엄마가 나랑은 너무 달라 약간 이해하기 힘들 때도 있었다.

대놓고 엄마를 마구 칭찬해준다든지, 엄마 글을 읽어보고 평가해준다든지 난 그게 참 안되었다.

나와 너무 가까운 엄마라 그런가, 엄마 글이 어떨 때는 내가 쓴 것 마냥 읽다보면 뭔가 부끄러운 마음이 올라 올 때도 있고 또 내가 엄마 글을 읽고 있다는 걸 엄마가 알면 나를 의식해서 쓰고 싶은 대로 못 쓸 것 같다는 말도 안 되는 이유도 있었다.

엄마가 이 사실을 알면 어이없을 수도 있지만 정말 난 그랬다.

그래서 난 엄마 글을 관심 없는 듯 모른척하면서도 사실 거의 다 몰래 몰래 읽어봤다. 하드디스크에 임시 저장해놓은 미완성의 글들도 내가 본의 아니게 엄마 몰래 읽어본 것 같다.

엄마 글을 읽으면 엄마인생이 묻어나고 우리 가족 인생이 들어있다.

그래서 난 눈시울을 붉히며 읽을 때가 참 많았다.

돌아가신 고모와 외할아버지를 그리며 쓴 글, 집에서 키우던 거북이가 죽었을 때 쓴 글, 그리고 내가 미처 몰라줘서 엄마한테 참 미안한 마음이 들게 만드는 엄마 마음 한 켠에 자리 잡고 있는 작은 꿈들에 대한 열망들이 엄마 글에는 고스란히 담겨있고 그런 글을 볼 때는 눈물이 주르륵 흐른다.

김소연(딸)

엄마 글을 보며 할아버지가 보고 싶어서, 고모가 그리워서 운 것도 있겠지만 엄마한테 왠지 모를 미안한 감정이 들어서 눈물이 났다. 이렇게 꿈 많고 하고 싶은 거 많은 엄마인데….
 그리고 정말 사람이 나이를 먹어도 마음은 안 늙는다는 말이 엄마를 보면 생각난다.
 이제 몇 년 더 지나면 믿을 수 없는 나이 육십이 다 되어가는 우리 엄마 마음만은 아직도 꿈꾸는 10대 소녀 같다.
 그런 엄마의 마음이, 감성이 그대로 들어있는 엄마의 글들을 모아 이번에 책을 출간하셨다.
 엄마는 누구에게 보이려고 글을 쓰는 것도 아닌 그저 엄마가 하고 싶어서 엄마의 인생을 글로 남기고 싶어서 글을 써왔는데 그동안 써둔 적지 않은 글들을 한 번 이렇게 정리하고 싶었다고 말했다. 그리고 다시 처음부터 시작하고 싶다고….
 그래서 이번에 『눈부신 날의 고백』이라는 책을 내셨다. 내가 수없이 읽었던 글도 있고 미처 못 봤던 처음 보는 글도 있다.
 이번 수필집 출간을 통해 엄마의 가슴 속 작은 꿈 하나가 이루어졌길 바라고 또 앞으로 엄마 마음속에 담고 있는 하고 싶은 이야기, 이루지 못한 꿈들을 글을 통해 펼치길 응원한다.

(2011년 3월)

어머님의 수필집 출간을 축하드리며

박인경 (며느리)

　몇 년 전, 내가 경희대학교 행정직으로 근무하던 때에 잠시 쉬는 시간이 생기면 가끔 학교 도서관에 들러 책을 빌려보고 했었다.
　어느 날 도서관에서 읽을 만한 책을 찾아보다가 우연히 어머니께서 쓰신 수필집을 발견했다.
　그때 그 책이 『눈부신 날의 고백』이라는 에세이집이다.
　그 책을 우연히 찾았을 때 기분은 지금도 잊을 수가 없다. 나의 시어머니께서 쓰신 책이 그렇게 떡 하니 도서관에 자리 잡고 있다는 것이 너무나 신기하기도 하고 또 얼마나 자랑스럽던지.

심지어 모르는 옆 자리 사람에게라도 '이 작가가 나의 시어머니세요'라며 말이라도 걸고 싶은 심정이었다.

더욱이, 그 안에 실린 에세이 중 한 편에서 내가 언급이 되는데 이건 마치 유명연예인이 TV에 나와서 내 얘기를 한 것 같은 기분이 들었다.

사무실 옆자리 직원에게 그 부분을 강조하며 읽기를 강요하고 "이거 봐, 이 얘기 속에 나오는 아들 여자친구가 나잖아, 나."라며 얼마나 호들갑을 떨었는지 모른다.

이렇게 어머님께서 쓰시는 글은 우리 가족 모두에게 자랑이 되고 즐거움이 된다.

어머님께서는 평소에 말을 많이 아끼시는 대신에 항상 따뜻하고 관심어린 눈으로 우리 가족뿐만 아니라 다른 모든 것들도 지켜보시는 것 같은 느낌을 받은 적이 여러 번이다.

아마도 그렇게 정성스레 오래 지켜보신 후에 글로 마음을 담아내시는 것 같다. 그래서 어머님의 글들은 읽기에 편안하고 마음이 따뜻해진다.

말로는 하지 않으신 어머님의 깊은 속내를 알게 되는 글들이다.

어머님께서 이번에 다시 수필집을 출간하신다는 소식을 듣고 또 한 번 마음이 기쁘고 자랑스러우며 이번에는 어머님의 어떤 이야기를 듣게 될까 기대가 많이 된다. 그리고 이 책의 작은 한 권에 이렇게 나의 마음을 적어서 보여 드릴 수 있는 기회를 주셔서 진심으로 감사드린다. (2016년 2월)